Crea *tu nueva* vida

Si este libro le ha interesado y desea que lo mantengamos informado de nuestras publicaciones, escríbanos indicándonos cuáles son los temas de su interés (Astrología, Autoayuda, Esoterismo, Qigong, Naturismo, Espiritualidad, Terapias Energéticas, Psicología práctica, Tradición...) y gustosamente lo complaceremos.

Puede contactar con nosotros en
comunicación@editorialsirio.com

Título original: NATI PER ESSERE FELICI, NON PER SOFFRIRE - METAMEDICINA DELLE EMOZIONI
Traducido del italiano por Luz Monteagudo
Diseño de portada: Editorial Sirio, S.A.

EDITORIAL SIRIO, S.A.
C/ Rosa de los Vientos, 64
Pol. Ind. El Viso
29006-Málaga
España

EDITORIAL SIRIO
Nirvana Libros S.A. de C.V.
Camino a Minas, 501
Bodega nº 8,
Col. Lomas de Becerra
Del.: Alvaro Obregón
México D.F., 01280

ED. SIRIO ARGENTINA
C/ Paracas 59
1275- Capital Federal
Buenos Aires
(Argentina)

www.editorialsirio.com
E-Mail: sirio@editorialsirio.com

I.S.B.N.: 978-84-7808-766-2
Depósito Legal: B-21.621.2011

Impreso en los talleres gráficos de Romanya/Valls
Verdaguer 1, 08786-Capellades (Barcelona)

Printed in Spain

Claudia Rainville

Crea *tu nueva* vida

Hemos nacido para ser felices, no para sufrir.

editorial Sirio, s.a.

Dedicatoria

A Lise Bourbeau, cuyo ejemplo inspiró en mí el deseo de superarme.
A mis hijos Karina y Mikhaël, que me motivaron para escribir este libro.
Y a todos aquellos que buscan una luz al final del túnel.

Prólogo

Este libro puede leerse como un conjunto de relatos, pero, por encima de todo, pretende ser un método terapéutico para que cada uno pueda hacerse su propia psicoterapia. Contiene herramientas que aportarán, a quien las aplique, unos resultados extraordinarios en su vida y sus relaciones con los demás.

El objetivo de esta obra, como el de todas las que he escrito, es que un buen número de lectores pueda beneficiarse de los descubrimientos que nos han permitido, a mí y a miles de personas, encontrar la paz, el amor y la armonía.

En este libro revelo un poco de mi vida para que puedas identificarte con mis experiencias, así como las de la gente que encontrarás en él. Todas las historias son auténticas; sin embargo, han sido ligeramente modificadas a fin de garantizar el anonimato de sus protagonistas. En ocasiones, las presento de una manera muy resumida para ceñirme únicamente a lo más esencial del tema tratado.

Por su sencillez, este libro será una valiosa herramienta para el profano en la materia y, al mismo tiempo, también podrá resultar útil al profesional.

Que estas páginas que tienes en tus manos te ayuden a transformar tu vida del mismo modo que su contenido ha transformado la mía.

Te acompañan todo mi amor y toda mi fe en tu potencial creativo.

Tu amiga,

Claudia.

1

¡Comienzo una nueva vida!

Debemos actuar sobre nosotros mismos,
debemos buscar en nosotros mismos.

PARACELSO

Es posible transformar nuestra vida en un abrir y cerrar de ojos. No estamos obligados a sufrir. El sufrimiento puede compararse con un despertador: una vez que estamos despiertos, ya no necesitamos que la alarma suene. Esto también es cierto para las situaciones dolorosas que encontramos en nuestro camino: su objetivo es despertarnos, hacernos conscientes de cómo algunos de nuestros pensamientos, sentimientos y emociones se oponen a nuestra naturaleza divina.

Siempre que soportemos el sufrimiento, convencidos de que no podemos hacer nada para evitarlo, la situación dolorosa perdurará.

Pero cuando nos decidimos verdaderamente a poner término a esa situación, activamos en nosotros un proceso de transformación que puede ser tanto exterior como interior.

Por ejemplo, podemos vernos obligados a introducir cambios en nuestra alimentación, o a inscribirnos en un curso de yoga o boxeo.

Todo cambio interior implica un cambio exterior y viceversa. Si queremos que se produzca una transformación, es necesario que haya acción. Esta acción no se limita a los actos que uno emprende, sino que puede pasar por adoptar una o dos decisiones que comprometan a todo nuestro ser. Ese tipo de decisión es un compromiso con uno mismo.

¡Todo empieza con una decisión!

Todos los cambios importantes de mi existencia siempre han ido precedidos de una firme decisión por mi parte.

Cuando tenía aproximadamente treinta años, pasé por una etapa muy dolorosa de mi vida; en ella me enfrenté a situaciones en las que me sentía incomprendida, rechazada y abandonada. Esos sentimientos, al resonar con las heridas de mi pasado, me producían un sufrimiento todavía más intenso.

Me sentía dentro de un enorme túnel negro, y pensaba: «Jamás saldré de aquí». Esos pensamientos me llevaron a sufrir varios episodios de depresión, en los que, con el paso del tiempo, me hundía cada vez más. Verdaderamente no veía un modo de salir de aquella situación, ni sabía con quién hablar de lo que sentía, porque en lo más profundo de mí temía ser una psicópata. Este temor provenía de lo que mi madre me había repetido tantas veces cada vez que me hablaba de mi padre, ya fallecido. «Tu padre era un enfermo mental», me decía.

A veces, me comparaba con él y decía: «Eres igual que tu padre». De ese modo, llegué a conclusión de que, si era igual que mi padre, debía de ser una enferma mental.

Esos pensamientos sombríos, amplificados por las emociones que vivía una y otra vez, me llevaron a una profunda depresión. Pensaba que mis hijos tendrían más posibilidades de ser felices si los criase una madre más equilibrada que yo.

Finalmente, sucedió algo que se convirtió en la gota que colmó el vaso ya demasiado lleno de mis emociones, y me hizo desear terminar con mi vida. Sin que mi pareja se enterara, me tomé un frasco de pastillas con la esperanza de no volver a despertarme. De madrugada se me presentaron una serie de graves problemas respiratorios que lo alertaron, y pidió auxilio. Mientras me bajaban por las escaleras para meterme en la ambulancia, tuve la clara impresión de encontrarme a dos peldaños por encima de mi cuerpo. En el hospital, esta separación entre mi cuerpo y mi conciencia fue en aumento. Estaba en el techo de la sala de urgencias y veía claramente cómo un equipo de médicos y enfermeras se ensañaba con mi cuerpo. Yo los observaba sin sentir demasiado interés por aquel cuerpo que yacía sobre la camilla.

Después, me conectaron a un respirador. Escuché cómo el médico le decía a mi pareja: «Le quedan aproximadamente dos horas de vida». Ello me dejó indiferente; sabía que tenía la opción de volver a entrar en mi cuerpo o dejarlo definitivamente. Pasaron las horas y me dejaron en una esquina para ocuparse de otros pacientes. A las cuatro de la tarde, hubo un cambio de turno. Una enfermera joven, que acababa de incorporarse a su turno, se acercó a mí y, al verme inerte y conectada a un respirador, expresó su compasión con las siguientes palabras: «¡Oh! ¡Dios mío, pobrecita!».

Sus palabras me llegaron a lo más profundo de mi ser, y pensé: «Si sobre esta tierra hay una sola persona capaz de amar como ella, el esfuerzo de regresar valdrá la pena». Con ese pensamiento, volví a mi cuerpo. Esto supuso una pequeña revolución en urgencias. *La muerta* se reanimaba. Me llevaron a toda velocidad a la unidad de cuidados intensivos.

En el transcurso de los días siguientes, me recuperé y abandoné el hospital. Cuando llegué a mi casa, lo primero que hice fue buscar la bata de color granate que solía llevar durante todo el día cuando me sentía deprimida. La tiré a la basura y dije: «Junto a esta bata tiro también mis depresiones. No sé cómo ni cuándo, pero voy salir de esto».

Una decisión es una orden que damos a nuestro subconsciente.

En aquel momento, ignoraba el poder de una decisión así. Desde el momento en que la tomé, le di a mi subconsciente una directriz para que me condujera hacia ciertas situaciones que me ayudaran a liberarme de mis depresiones.

Una de esas situaciones tuvo que ver con un periódico local que nunca antes había leído. Pelaba unas patatas y usaba el periódico para echar las mondas, cuando, de repente, mi mirada se vio atraída hacia un anuncio publicitario sobre una conferencia que tenía por tema «Cómo liberarte de tus miedos y angustias». Llamé a mi hermana para invitarla a venir conmigo, pero, unas horas antes de que comenzara la conferencia, decidió no asistir. Sin embargo, cuando ya casi había renunciado a ir, mi pareja me propuso acompañarme.

Para lo grande que era la sala donde tuvo lugar la conferencia, había muy pocas personas. Al ver cómo la conferenciante se dirigía al público, supe, en un instante, qué deseaba hacer en el futuro. Desde hacía nueve años trabajaba en microbiología médica, y, aunque en un principio el trabajo me había apasionado, por aquel entonces ya no me gustaba.

¡Comienzo una nueva vida!

Unos meses antes, había acudido a un orientador profesional para descubrir qué era lo que me motivaba laboralmente. Semana tras semana, en el transcurso de nuestras conversaciones, él me repetía que sólo podría descubrirlo en mi interior. Terminé por pensar que, puesto que se trataba de encontrar algo que, en definitiva, ya estaba dentro de mí, sus consultas eran muy caras. Puse fin a aquellos encuentros y confié en que la vida se ocuparía de revelármelo.

En aquella conferencia, obtuve la respuesta que esperaba. Supe qué era lo que quería hacer de ahora en adelante en la vida. No obstante, ignoraba cómo podría lograrlo.

Durante el descanso, abordé a la conferenciante y le dije: «Lo que usted hace es exactamente lo que me gustaría llegar a hacer algún día».

Me invitó a inscribirme en una serie de cursos de crecimiento interior que iba a iniciar a la semana siguiente.

Le contesté que pensaría en ello. Esa noche, escuché que mi voz interior me decía: «¡Ve allí!». El precio y ciertos miedos infundados me frenaban, pero mi pareja me propuso hacer los cursos conmigo, y eso me animó a inscribirme.

Ese fue el comienzo de un camino que iba a cambiar mi vida.

En aquella época, no relacioné esa oportunidad con la decisión que había tomado al tirar la bata a la basura. Pasaron unos cuantos años antes de que pudiera establecer la relación entre ambos hechos y descubrir el poder de mi decisión.

Tomar la decisión de cambiar la vida es abandonar la postura de víctima para hacernos responsables de nuestra felicidad y de nuestra evolución.

Posteriormente, cada vez que atravesaba un momento difícil o me enfrentaba a una situación que me causaba inseguridad, utilizaba de nuevo este poder de decisión para repetirme: «No sé cómo voy a salir de esto, pero voy a hacerlo» o «No sé cómo voy a lograrlo, pero lo conseguiré».

A finales del año 2001, padecí un grave problema de acúfenos. Sabía que era una manifestación del síndrome de Menière, que no tenía cura, y que lo único que podía esperar era obtener cierto alivio. Todo lo que leía al respecto no me resultaba demasiado alentador.

De nuevo, hice uso de mi poder de decisión para repetirme: «No sé cuándo, ni cómo, pero me voy a curar».

Esto no quiere decir que, en ciertos momentos, no tuviera dudas. Sin embargo, cuando éstas me acechaban, en lugar de hundirme en el desánimo, repetía mi afirmación con convicción. Necesité varios meses para descubrir la causa, pero me curé totalmente.

Durante años, he impartido el seminario «Liberación de la memoria emocional». Al comienzo del mismo, hago que los asistentes utilicen su poder de decisión con el ejercicio que te propongo a continuación. ¡Son muchos los que me han hablado de todos los cambios positivos que este seminario ha producido en sus vidas!

Algunos participantes se asombraban al comprobar, varios meses más tarde, que aquello que habían escrito en este ejercicio se manifestaba en sus vidas de una manera muy precisa.

¿Acaso no decía Jesús: «¡Pedid y se os dará! ¡Llamad y se os abrirá!»?

Te invito, pues, a que pases a la acción y completes la frase que viene a continuación con las decisiones que deseas transmitir a tu subconsciente. Cuanto más motivado estés para realizar este ejercicio, más poderoso será el resultado.

¡Comienzo una nueva vida!

Hoy, día......................, **comienzo una nueva vida y decido** ....
(escribe la fecha)

....

....

....

....

Y esto antes del día ....

....(indica la fecha en que deseas que tus demandas se vean cumplidas. Puede que prefieras que algunas cosas se cumplan primero, de modo que, al poner la palabra *antes*, creas el espacio necesario para que ciertos deseos se hagan realidad más rápidamente).

Para que esto se produzca, me comprometo conmigo mismo a:

....

....

....

....

Aquí tienes un ejemplo:

Hoy, 1 de marzo de 2005, comienzo una nueva vida y decido *otorgarme el derecho a la felicidad. Decido vivir en lugares armoniosos que se correspondan con mi divinidad y en los que me sienta completamente bien. Decido amarme, respetarme y tratarme con consideración a fin de no volver a permitir que nadie me falte al respeto o se aproveche de mi tolerancia y generosidad. Decido creer en mí y en mi potencial para poder desplegar lo mejor de mí mismo en todo aquello que amo. Decido darme más tiempo para relajarme y disfrutar de la vida.* ***Y esto antes del día*** *1 de mayo de 2006.*

Para que esto se produzca, me comprometo conmigo mismo a: *ser optimista, a tratar de comprender la causa de mis dificultades y* *descubrir la lección que encierran en lugar de responsabilizar a los demás de ello o achacarlo a mis carencias. Me comprometo a ser más indulgente conmigo mismo y con los demás. Me comprometo a confiar más en la vida.*

Agradezco todo lo que he recibido hasta el momento y todo lo que voy a recibir.

Ahora que ya has tomado una decisión para encaminarte hacia donde deseas dirigirte, necesitas saber dónde estás situado.

Así que te invito a descubrirlo a través de un inventario de lo que vives.

Ámbito profesional:

- ¿Qué es lo que más me gusta del trabajo que hago?
- ¿Qué es lo que me resulta más difícil?
- ¿Cómo ha sido el año anterior con respecto a mi profesión?
- ¿Cuáles son mis deseos más profundos en lo relativo a mi trabajo?
- ¿Cómo puedo hacer realidad esos deseos?
- ¿Qué aspectos de mi trabajo me gustaría poder cambiar?
- Si tuviera todos los medios necesarios, ¿a qué me dedicaría profesionalmente?

Ámbito afectivo:

- ¿Qué es lo que más me gusta de mi vida afectiva?
- ¿Qué es lo que me resulta más difícil?
- ¿Me recuerda esto último a alguna situación del pasado?
- ¿Qué me gustaría cambiar en el ámbito afectivo?
- ¿Siento odio o rencor hacia alguien?
- Si es así, ¿hacia quién y por qué?

Ámbito de mis logros:

- El año pasado, ¿cuál ha sido mi mayor logro?

- En toda mi vida, ¿cuál ha sido mi mayor logro hasta el momento?
- ¿Qué ha resultado lo más difícil de superar?
- ¿He abandonado cuando habría podido perseverar o he perseverado cuando podría haber abandonado?
- ¿Cuál sería el más bello logro que desearía llevar a cabo antes de mi muerte?
- ¿En qué ámbito creen los demás que tengo talento?
- Y yo mismo, ¿en qué ámbito considero que tengo más talento?

Ámbito personal:

- ¿Qué pienso de la vida?
- ¿Qué pensaban o decían mis padres sobre la vida?
- Lo que vivo actualmente, ¿se parece más a lo que yo pienso o a lo que mis padres decían o pensaban de la vida?

Siete cosas por las que quiero dar gracias a la vida: ....

....

....

....

Siete cosas que me resultaron difíciles y me salieron bien o he superado: ....

....

....

....

Cuando queremos hacer un cambio, sea en el ámbito que sea, y siempre que deseemos transformar nuestra vida para crearnos una existencia maravillosa, hay tres etapas esenciales.

La primera etapa es LA TOMA DE CONCIENCIA. Si hemos olvidado una decisión que tomamos hace mucho tiempo, ¿cómo podremos cambiarla? Si tenemos creencias limitadoras y no somos conscientes de ellas, ¿cómo podremos transformarlas? Si ignoramos que nos sentimos culpables de vivir, ¿cómo podremos liberarnos de esa culpa?

No podemos cambiar nada de lo que no seamos conscientes.

Aunque cambiar un hábito nocivo o aprender una lección de vida puede suponer un largo proceso, es bueno tener en cuenta que la toma de conciencia puede hacerse en un instante.

La segunda etapa es **LA ACEPTACIÓN.** Aceptar implica dejar de negar lo que es o de luchar contra ello; es reconocer *lo que es, admitirlo; es decir sí en lugar de no:* «Sí, me duele»; «Sí, sufro»; «Sí, necesito ayuda»; «Sí, he cerrado mi corazón a ciertas personas»; «Sí, dependo afectivamente de los demás»; «Sí, me resulta difícil aceptar eso», etc.

Ésta es una etapa por la que pasan los miembros de Alcohólicos Anónimos cuando reconocen su dependencia del alcohol y sus dificultades para liberarse de él al confesar en una reunión: «Soy alcohólico, estoy aquí porque he fracasado en todas mis tentativas de liberarme y reconozco mi necesidad de ayuda».

Mientras nos mintamos a nosotros mismos o culpemos a los demás de nuestras dificultades, no podremos cambiar nada en nuestra vida.

No podemos cambiar aquello que no aceptamos. Nos hacemos conscientes en el momento en que establecemos un vínculo entre la causa y el efecto, y lo reconocemos. Entonces, podremos buscar la solución a nuestro problema o emprender un proceso transformativo.

La tercera etapa es **LA ACCIÓN TRANSFORMADORA.** Es la acción que nos permitirá transformar un estado de sufrimiento en un proceso de sanación y bienestar.

Aunque ser consciente es esencial, si no hay acción no podrá haber transformación. No se trata de saber qué necesitamos hacer para cambiar nuestra vida, sino, más bien, de aquello que hacemos para lograrlo. Aunque tomemos conciencia de hasta qué extremo nuestras actitudes mentales negativas son responsables de la situación en la que nos encontramos, si no dejamos de alimentarlas no podremos esperar una transformación positiva. Sólo si la toma de conciencia va acompañada de un cambio en nuestras actitudes derrotistas, podremos producir transformaciones beneficiosas en nuestra vida.

A veces, mis alumnos me dicen: «Claudia, conozco la causa de mis problemas, pero no logro liberarme de ellos». Comprender y conocer no es suficiente: es necesario intervenir en la causa, en la base, en la raíz de nuestros problemas o sufrimientos.

Mediante la puesta en práctica de estas tres etapas, podremos crearnos una nueva vida. A continuación, descubriremos cómo aprendimos a vivir.

¿Cómo aprendí a vivir?

Cuando eras niño, ¿qué tenías que hacer para que te miraran, para que te prestaran atención, te dieran afecto o te valoraran como deseabas?

Martin vino a verme porque estaba inquieto. Se decía a sí mismo que era ridículo sentirse abatido por cuestiones tan nimias, que no tenía por qué preocuparse tanto. Sin embargo, eso no le impedía sufrir ni sentirse alterado. Al igual que muchas personas, había aprendido a analizar lo que le sucedía, en lugar de ahondar en los sentimientos que experimentaba. Su hijo, a quien quería muchísimo, había decidido irse de vacaciones con su amigo y el padre de éste. Martin se resistía a la idea de dejarle marchar, pero, cuando su hijo se le acercó con ternura para decirle: «Todo va a ir bien, papá, no te preocupes», terminó por aceptar, aunque tuvo que ocultarse para que su hijo no le viera llorar. Apesadumbrado, se decía que eso no tenía sentido, que era normal que los hijos, al crecer, quisieran alejarse de sus padres. Pero no comprendía por qué todo aquello le causaba tanto dolor. Durante la terapia, le pregunté qué sentimientos o emociones creía que podían haber ocasionado su sufrimiento. Me respondió que, tras haberle dado lo mejor de sí mismo, tenía la impresión de que a su hijo ahora le importaban más los desconocidos.

Quise saber si esa situación le recordaba a alguna otra, y, entonces, se acordó de algo. Mucho antes del nacimiento de su hijo, había ayudado a un joven que trataba de salir de la droga. Lo había escuchado y animado, y le había enseñado su propio oficio. Le había ayudado a creer en sí mismo y a volar con sus propias alas. Unos años después, lo volvió a ver durante una charla. Al joven le había ido muy bien en la vida y se había convertido en un hombre muy respetado dentro de su campo. Entonces, Martin le dijo: «Me siento muy feliz de haber podido contribuir al magnífico éxito que ahora disfrutas». Y él le respondió: «¡Tú no has contribuido a nada!». Esas palabras fueron muy dolorosas para Martin. Se sintió utilizado; no apreciado. Ahora, en relación con su propio hijo, pensaba: «¡No, otro más no! No le daré a nadie más lo mejor de mí mismo para que después me diga "¡ya no te necesito!"».

Martin continuó su terapia conmigo y le pregunté si la situación vivida con aquel joven le recordaba a algún acontecimiento de su infancia. Y, efectivamente, le traía un recuerdo muy claro. De niño, su padre solía llamarle para que le fuera a buscar una cerveza a la nevera mientras miraba un partido de fútbol en la televisión. Martin se alegraba de ir a buscar aquella cerveza para su padre, pero, en cuanto se la entregaba, él le decía: «Está bien, ahora, vete».

En esos momentos sentía que sólo era importante para su padre cuando tenía necesidad de él, pero que esa importancia se esfumaba cuando ya no le necesitaba. Habría podido decir: «*Existo cuando aquel a quien amo tiene necesidad de mí*». Y lo contrario también era cierto: «*Dejo de existir cuando el otro ya no me necesita*».

Martin se pasaba la vida ayudando a los demás y prácticamente nunca tenía tiempo para sí mismo. Sin embargo, si alguien le necesitaba, aunque no tuviera tiempo de ayudar a nadie, siempre estaba dispuesto a modificar sus planes antes que negarse a echar una mano. De repente, se dio cuenta de que se había pasado la vida ayudando a sus familiares y amigos. Me dijo: «Hasta mi madre me llama para pedirme consejo». Con frecuencia se había sentido utilizado y, en consecuencia, no querido. Tomó conciencia de ello y decidió que, a partir de ese momento, iba a aprender a vivir para sí mismo, en lugar de dar continuamente a los demás y esperar obtener amor a cambio.

Algunas personas que no recibieron atención por parte de sus padres han llegado a la siguiente conclusión: «*Sólo existo para mi madre o mis padres cuando estoy enfermo; cuando estoy sano dejo de existir para ellos*».

Manon es bajita, morena y no demasiado hermosa. Desde el nacimiento de su hermana Florence, la gente sólo tiene ojos para esa pequeña rubita de enormes ojos azules que parece una muñeca. Manon se siente ignorada y es entonces cuando comienza a tener problemas de asma. ¡Ante la mínima dificultad respiratoria, dejan a Florence para ocuparse de ella!

Manon llegó a la conclusión: «*Sólo existo para mis padres cuando tengo crisis asmáticas*». Con treinta y dos años, todavía padecía asma y trataba de encontrar la causa de su dolencia.

Stéphanie y sus problemas de aprendizaje

Cuando Stéphanie tiene cinco años, internan a su madre en un hospital psiquiátrico. Como su padre no cree que su mujer pueda curarse, solicita el divorcio y obtiene la custodia de sus dos hijas. Unos años más tarde, vuelve a casarse. La nueva compañera de su padre se hace cargo de las pequeñas y se compromete a hacer todo lo posible para que sean felices. Más adelante, nace un niño, de modo que la nueva mamá tiene menos tiempo para ocuparse de las niñas. Sin embargo, siempre dedica un tiempo para ayudarlas con sus deberes escolares.

Cuando Stéphanie no comprende una lección, su madrastra pasa más tiempo con ella para ayudarla, de modo que no necesita más para saber que, mientras tenga dificultades de aprendizaje, recibirá más atención. Su ecuación puede resumirse en: «*Existo cuando tengo dificultades de aprendizaje*; si no, mi madrastra no tendrá tiempo para ocuparse de mí».

A los diecisiete años, Stéphanie asistía todavía a un centro para jóvenes con dificultades de aprendizaje. Sus padres se preocupaban mucho por su futuro y me la confiaron para que la ayudara. La joven asistió a uno de mis seminarios, y durante el transcurso de éste, le pedí al grupo que hiciera un ejercicio relativamente simple. Cuando ya todo el mundo había terminado y comenzábamos el descanso, me di cuenta de que ella todavía peleaba con el ejercicio. Entonces, vi su juego: trataba de retenerme con su presunta dificultad para comprender.

Deseaba que le diera una atención especial, como había hecho con su madrastra y sus profesores, así que le hice tomar conciencia de ello con el propósito de ayudarla a transformar el mecanismo que había adoptado durante su infancia, y que no le hacía ningún bien. Con su mecanismo de supervivencia al descubierto, no tuvo más opción que reconocerlo. Una vez de vuelta a casa, entró en una auténtica crisis existencial. Su madre, que no comprendía qué le pasaba, me llamó por teléfono con urgencia. Le propuse hablarle en presencia de Stéphanie, y le repetí lo que le había dicho a ésta sobre el mecanismo que había adoptado durante su infancia para recibir atención –la atención que su propia madre no había podido darle–. Sospeché que un mecanismo similar había conducido a su madre al hospital psiquiátrico. Consciente de ese modo de vivir, Stéphanie pudo contar a partir de ese momento con una aliada para modificar esa estrategia.

Sin embargo, a veces sucede que, incluso cuando somos conscientes de cómo hemos aprendido a vivir, podemos regresar a los antiguos patrones si no sabemos vivir de otra manera.

Sólo cuando somos conscientes del precio que pagamos, en términos de salud, felicidad y relaciones, por adoptar estos mecanismos, nos disponemos a hacer todo lo posible por abandonarlos.

Mediante estos modelos de funcionamiento, que en el fondo no son más que mecanismos de supervivencia, recibimos a corto plazo la atención de personas dispuestas a ayudarnos. Sin embargo, a largo plazo, esas personas siempre encontrarán un pretexto para alejarse de nosotros, de forma que, al final, volvemos a sentirnos solos y abandonados. Sólo cuando tomamos la decisión de ser felices, atraemos a nuestra vida a aquellas personas que verdaderamente quieren estar con nosotros.

El amor se ofrece a quienes son felices.
La lástima va para los infelices.

OSHO

Patrick siempre estaba triste

Patrick tiene un hermano pequeño de tres años que a menudo está enfermo. Como se siente abandonado, se aísla en un rincón. Su madre, cada vez que percibe la tristeza de su hijo, se le acerca y le pregunta dulcemente: «¿Qué te ha pasado, mi pequeño? ¿Por qué estás tan triste?». Y así, le presta la atención que normalmente no recibe.

Patrick piensa: «Para mi madre, sólo existo cuando se preocupa por mí». Tenía trece años cuando comenzó la terapia conmigo. Una psicóloga y un psiquiatra llevaban su caso al mismo tiempo, y dudaban si padecía una forma de autismo o esquizofrenia. Asistió a un seminario que daba para adolescentes, durante el cual, su mecanismo volvió a salir a la superficie, y el resto de los participantes, con sus mejores intenciones, trataban de arrancarle una sonrisa o ayudarlo. Propuse al pequeño grupo que no le prestaran demasiada atención cuando se mostrara triste, y que, por el contrario, sí lo hicieran cuando participara con ellos. Aunque los chicos aceptaron, esa estrategia no cambió en nada el estado de Patrick.

El seminario tenía lugar en una casa cercana a un río que los padres de uno de los asistentes nos habían cedido para el evento. Al tercer día del inicio, Patrick desapareció antes de la cena. Un pequeño grupo se ofreció a salir en su busca. Cuando el joven volvió, sólo una parte del grupo había regresado, de modo que tuvimos que esperar a que estuvieran todos para poder comenzar a cenar. Al ver que los chicos esperaban a los que habían partido en su busca, Patrick tomó conciencia de las consecuencias de su acto. Después, llegaron los tres muchachos que faltaban. Lo habían buscado incluso en el río. Una chica de doce años, con la ropa y el cabello mojados, se le acercó y le dijo: «Patrick, te buscamos por todas partes, hasta en el río. Si no quieres que te queramos, bueno, ¡pues no lo haremos!». Esas palabras tuvieron un efecto muy positivo. Comprendió que no necesitaba estar triste y malhumorado para ser amado. Se abrió al grupo y, de ese modo, descubrió una manera de vivir diferente con la que se sentía mucho mejor.

Su madre me contó que la psicóloga que seguía el caso de Patrick, al volver a verlo tras el seminario, le dijo: «Debo revisar todas mis técnicas; ¡no puedo explicarme la transformación de este chico!».

Otros han aprendido a vivir exhibiendo su talento o trabajando mucho para ganarse el aprecio de sus seres queridos.

Esas personas respondían al siguiente planteamiento: «Existía cuando obtenía buenas notas en la escuela», «Existía cuando era el primero de la clase», «Existía cuando mis padres estaban orgullosos de mí». Y en la actualidad: «Existo cuando tengo éxito», «Existo cuando soy campeón o gano trofeos», «Existo cuando los demás ven todos los esfuerzos que hago». Y, al contrario: «No existo cuando los demás no ven todos los esfuerzos que hago», «No existo cuando no tengo éxito o cuando fracaso». A quienes han aprendido a vivir de esta manera, ese modo de pensar puede llevarlos al desánimo o a perder el gusto por la vida cada vez que se enfrentan a un fracaso.

No existir es tener el sentimiento de no importar, no tener valor o no contar para la persona que queremos que nos ame o nos estime.

Una cantante me confió en una ocasión: «Mis padres sólo me prestaban atención cuando cantaba». Esta mujer continuó viviendo de su voz, pero, al mismo tiempo, experimentaba un fuerte sentimiento de vacío y soledad cuando no cantaba.

Una de mis alumnas se sorprendió con la respuesta que dio espontáneamente a este ejercicio. Escribió: «Existía cuando estaba embarazada». De repente, comprendió por qué, tras su embarazo, no había logrado perder los kilos que le sobraban en el abdomen.

Adoptamos estos mecanismos de supervivencia porque, de niños, no conocíamos otra forma de vivir; sin embargo, en la actualidad, debemos hacernos cargo de esos modos de funcionamiento que no nos resultan favorables y cambiarlos por otros más beneficiosos.

A continuación ye doy otros ejemplos que algunos participantes han descubierto en mis seminarios.

Existía cuando:

- Hacía el payaso o hacía reír a los demás.
- Asumía responsabilidades.
- Estaba rodeado de gente.
- Me escapaba.
- Me enfadaba.
- Tenía problemas o sufría.
- Respondía a las expectativas de los demás.
- No daba ningún problema.
- Era amable, obediente y dispuesto.
- Mostraba mis conocimientos.
- Tenía crisis nerviosas o estallaba de rabia.
- Avergonzaba a mi padre.
- Un hombre me miraba.
- Mi padre abusaba de mí.

¡Comienzo una nueva vida!

Y tú, ¿cómo aprendiste a vivir?

Existía cuando ....

....

....

- ¿Todavía existes de esa manera?
- Si es así, ¿en qué circunstancias?
- ¿Te resulta beneficioso?
- ¿Cómo podrías transformarlo?

François era el mayor de sus hermanos. Su padre se apoyaba en él para que le ayudara con las numerosas tareas de la granja. Un día, uno de sus compañeros de clase le invitó a una fiesta que sus padres iban a dar para celebrar su cumpleaños. François se alegró mucho de recibir la invitación, porque su vida se limitaba a la escuela y el trabajo. El día antes de la fiesta, para asegurarse de que estaría liberado de sus tareas y poder salir, le preguntó a su padre cuáles eran sus trabajos para su día libre, y éste le dio una lista. Al día siguiente, se levantó antes del amanecer para encargarse de todo lo que su padre le había pedido. Sobre las dos de la tarde, su amigo y el padre de éste fueron a buscarlo. Su padre, al verlo salir, le gritó: «¿Adónde vas?». François le respondió: «Hice todo lo que me has pedido. Puedes comprobarlo...». El padre de su amigo añadió: «Señor, es el cumpleaños de mi hijo, le hemos organizado una fiesta con sus amigos y por eso hemos venido a buscar a François. Con su permiso, claro está».

Pero el padre de François contestó: «Ni hablar. François tiene cosas más importantes que hacer que perder el tiempo con niños malcriados». Después, se dirigió a su hijo: «Cámbiate rápido de ropa, tienes trabajo por hacer».

Con esta experiencia, el muchacho asumió: «No puedo vivir para mí mismo, sólo puedo vivir para satisfacer las necesidades de los demás». Con diecisiete años, abandonó la granja con la ilusión de comenzar a vivir para sí mismo. No obstante, cada vez que tenía una relación, se convertía de nuevo en el pequeño François que trataba de responder a las demandas de su pareja para ser querido a cambio, del mismo modo que había deseado ser querido por su padre. Sin embargo, no podía dejar de tener el sentimiento de que no podía vivir para sí mismo dentro de una relación afectiva.

Su ecuación era: «*No existo cuando tengo una relación. Sólo existo cuando estoy solo*».

François se sentía solo y trataba de aliviar su soledad con relaciones efímeras. Pero cada vez que permitía que su corazón se abriera para comprometerse en una, sufría por la sensación de no existir dentro de ésta.

Tenía que perdonar a su padre y aprender a vivir para sí mismo dentro de una relación.

No existir es tener el sentimiento de no importar, no tener valor o no contar para la persona que queremos que nos ame o estime, y puede originar un profundo sentimiento de falta de valía o hacernos perder el gusto por la vida.

Y tú, ¿en qué circunstancias tenías el sentimiento de no existir?

No existía cuando ....

....

....

....

Aquí tienes algunos ejemplos:

- Mi padre me pegaba.
- Mi madre me ignoraba.
- Mis padres me dejaban solo.
- Mi padre se encolerizaba.
- Veía sufrir a mi madre.
- Mi profesor me ridiculizaba.
- Me separaron de mi familia.
- Se burlaban de mí.
- No querían saber nada de mí.

En la actualidad, ¿tienes todavía ese mismo sentimiento de no existir cuando te encuentras en una situación similar?

Haz el mismo ejercicio, pero esta vez con:

Existo cuando ....

....

....

....

Aquí tienes algunos ejemplos:

- Existo cuando trabajo.
- Existo cuando no tengo una relación de pareja.
- Existo cuando estoy rodeado de gente.
- Existo cuando me tienen en cuenta.
- Existo cuando me aman.
- Existo cuando soy útil a los demás.

Esto te permite saber que, en el caso contrario, no tienes el sentimiento de existir.

¿Te resulta beneficiosa esta forma de vivir?

¿Por qué crees que necesitas vivir de esa manera?

Esa forma de vivir, ¿está vinculada a tu pasado?

¿Cómo podrías transformar esto para sentir que existes, ahora, en una situación en la que tienes el sentimiento de no existir?

Más adelante verás que podrás lograrlo al transformar la película de tu vida.[1]

En el momento en que tomas conciencia de cómo aprendiste a vivir y en qué circunstancias sentías que no existías, puedes utilizar tu poder de decisión para vivir de otra manera.

Aquí tienes algunos ejemplos:

Ahora decido que:

- Existo cuando me expreso.
- Existo cuando soy feliz.
- Existo cuando me doy lo que deseo.
- Existo cuando hago lo que me gusta.
- Existo cuando tengo tiempo para mí.
- Existo cuando satisfago mis necesidades.
- Existo cuando me amo a mí mismo.
- Existo cuando cuido de mi salud.
- Existo cuando defiendo mi territorio.
- Existo cuando soy yo mismo.

1. Se abordará el tema de cambiar la película de la vida en el capítulo 5.

2

Me descubro

Al principio, fue la presencia de uno mismo. Después, la mejora del mundo que nos rodea comenzó por primera vez con la mejora de uno mismo. Finalmente, fue la presencia del Yo.

E. B. L.

¿Quién soy? ¿Cómo aprendí a vivir? ¿Qué imagen tengo de mí mismo? ¿Cuáles son mis fortalezas? ¿Cuáles son mis miedos? ¿Cómo puedo superarlos? ¿Cómo puedo desarrollar la confianza en mí mismo y en la vida? ¿Qué me impide tener éxito y ser feliz? Éstas son las preguntas que tenemos que plantearnos si deseamos descubrir quiénes somos realmente.

¿Qué imagen tengo de mí mismo?

Todos nos hemos hecho una imagen de nosotros mismos basada en ciertos elementos de nuestro entorno. Construimos esa imagen a partir de las influencias que hemos recibido, de las palabras que han utilizado para definirnos, las observaciones que han hecho y las conclusiones que han sacado de nosotros, y las experiencias que hemos vivido.

Los fracasos reiterados o las declaraciones denigrantes, como «eres un inútil», «no vales para nada», «tienes muy mal carácter», «nadie querría a un niño como tú» y «no podemos confiar en ti», pueden haber generado que tengamos una imagen negativa de nosotros mismos. Y, por el contrario, los comentarios agradables como «eres bonita», «qué inteligente eres», «te desenvuelves bien», «llegarás lejos en la vida» y «estoy orgulloso de tener un hijo como tú», es posible que nos hayan dado una imagen positiva de nosotros mismos.

Una imagen sana de nosotros mismos nos ayuda a construirnos nuestra propia autoestima, mientras que una imagen negativa tendrá consecuencias adversas en nuestra vida durante todo el tiempo que la mantengamos.

Muchas de las personas que emprenden un camino de autoconocimiento viven con el temor a descubrir un monstruo escondido en el interior de sí mismas. En esos casos, se necesita valor para mirarse de frente y reconciliarse con uno mismo y con el pasado. Pero la recompensa que se obtiene bien merece el esfuerzo. Para muchas personas «conócete a ti mismo» equivale a «conoce qué piensan aquellos que te importan».

Cuando la imagen que tenemos de nosotros mismos es mediocre, podemos tratar de compensar esa imagen desfavorable haciéndolo todo a la perfección o lanzándonos a desafíos cada vez mayores con el propósito de convencernos de que somos buenas personas. Sin embargo, bajo esa fachada de autonomía y éxito, puede esconderse un yo infeliz que se siente vacío, que duda que pueda llegar a ser amado tal como es y que cree que sólo lo quieren por lo que representa y por lo que puede ofrecer a los demás.

Yo misma he vivido durante varios años detrás de esa fachada. Ya de niña, para que los demás no vieran mi sufrimiento, aprendí a esconderme bajo la máscara de quien no espera nada. En la escuela me hacía pasar por testaruda y, más tarde, en mi trabajo, por *snob*. Esa máscara era una armadura para proteger mi vulnerabilidad. Jugaba la carta de la indiferencia. Si, para castigarme, me enviaban al pasillo, allí iba yo con una ligera sonrisa de displicencia. Si me pegaban en la mano derecha, ofrecía la izquierda con la misma actitud indiferente.

En cierta ocasión, cuando tenía trece años, una de mis profesoras, harta de mi comportamiento rebelde, casi logra quitarme mi caparazón protector. Su bolso había desaparecido. Según su versión de los hechos, apareció en las escaleras de la iglesia que yo frecuentaba. Las pruebas estaban en mi contra. En aquella época yo iba a esa iglesia todas las mañanas antes del comienzo de las clases. Además, había ingresado cinco dólares en el pequeño banco del colegio, la misma cantidad que le habían quitado del monedero. No necesitaban más para convencerse de que yo era la culpable. Me acusó delante de toda la clase de ser una ladrona y recomendó a mis compañeros que se mantuvieran alejados de mí. Por si eso no fuera suficiente, al finalizar las clases me retuvo para descargar sobre mí toda la exasperación que había acumulado desde el comienzo del año escolar. Y en pleno arrebato de cólera, me dijo: «Tú, tú, ¡tú eres tan detestable! ¡Tus hermanos no te quieren, tus compañeros no te quieren, nadie te quiere y nadie te querrá jamás de lo detestable que eres!». A pesar de que sus palabras habían llegado hasta lo más profundo de mi ser, me negué a mostrarle mi vulnerabilidad y, una vez más, me puse mi caparazón protector y respondí: «La lluvia de tus insultos no atraviesa el paraguas de mi indiferencia».

Sin embargo, los efectos de ese suceso fueron muy dañinos para mí. Durante años viví con la idea de que no era digna de amor. Había aceptado totalmente esa idea, a pesar de haber hecho alarde de indiferencia ante los insultos de la profesora. Con una imagen semejante, no podía creerme que era digna de amor. Aunque el mundo entero me hubiera dicho «eres maravillosa», lo habría dudado. Para sobrevivir a esa imagen de mí misma, intentaba mostrarles a los demás la imagen de una persona perfecta, a la que nada podían reprochar. Me obligaba a ser competente, tanto en mi trabajo como en todo aquello que hacía, lo cual implicaba ser una buena esposa, una buena madre, una buena ama de casa, una buena cocinera, etc. Tenía éxito en todo lo que me proponía, a excepción, evidentemente, de mis relaciones afectivas, que se degradaban con el paso del tiempo hasta que finalmente me encerraba en mi caparazón protector.

Durante el periodo en que viví bajo esa máscara, alguien le dijo a una de mis hermanas al referirse a mí: «Tu hermana es una persona muy sensible». Mi hermana se quedó muy sorprendida y pensó: «¿Claudia sensible? Más bien todo lo contrario». Y su amiga añadió: «Escúchala cuando habla; su voz vibra. Sólo una persona muy sensible puede tener una voz así». La máscara que me había fabricado estaba tan bien modelada que hasta mi propia familia ignoraba mi sufrimiento.

Recuerdo a una compañera de trabajo con quien tenía muchas afinidades. En cierta ocasión, me regaló una medalla que parecía una moneda extranjera, y me dijo que era la medalla del Claudismo, porque, según pensaba, yo tenía una bella filosofía de vida. Lo que ella ignoraba era que el día anterior había estado pensando en el suicidio. Habría querido decirle: «¡Si tú supieras lo lejos que estás de la verdad!», pero ya no sabía cómo deshacerme de mi personaje para ser yo misma, convencida como estaba de que mi auténtico yo era detestable, falso y lamentable. Tenía una imagen tan pobre de mí misma que llegué a pensar que era una persona muy difícil, apenas tratable.

La fachada

En la vida, descubro pronto lo que los demás desean que sea. No quieren que sea como soy. De modo que me construyo una fachada. A veces, cuando me siento seguro, me muestro tal como soy, y, con eso, sólo atraigo más golpes. Así que aprendo a mantener mi fachada. Cuanto mejor sea esta, menos me conocerán los demás y menos me conoceré a mí mismo.

Si no trabajo en mí mismo, construyo una fachada todavía más grande, la cual será todo aquello que yo no soy. Si descubren que me escondo detrás de ella, la hago aún mayor. Cuanto más crece, más pesada se vuelve y más me cansa mantenerla. Nunca la dejo, salvo cuando me siento completamente seguro, porque es demasiado pesada para quitármela y ponérmela, y si se rompe ya no podría esconderme.

La inmensa fachada es tan pesada que, a veces, se cae y se estrella contra el suelo. Eso es muy doloroso, porque todos han oído cómo se caía y ahora saben que sólo era una fachada. En ocasiones, se cae a un lado y me deja al descubierto. Llevar una fachada es muy duro, pero lo hago para protegerme de ti. Raramente permito que mi fachada reciba un golpe; eso me hace daño. Si encuentran un agujero en ella, me hace daño. Cuando eso ocurre, me alivia señalar los agujeros de las fachadas de los demás.

Si descubro un pequeño agujero en mi fachada, me apresuro a decirles a todos: «No hay ningún agujero», y, entonces, como he gritado, todo el mundo quiere ver el agujero que yo quería ocultar. Así que grito todavía más fuerte: «¡No hay ningún agujero!». Cada vez que descubro un agujero en mi fachada, lo arreglo. En ocasiones, obtengo la pieza que me falta haciendo uno en la fachada de otro. Quiero tapar tan bien ese agujero que tomo los trozos más grandes, de forma que todo el mundo, excepto yo, ve el remiendo. A veces esa pieza es tan grande que se hace difícil sostener la fachada. Y si me gusta la fachada de alguien, le ayudo a construirla en función de mis propios gustos.

Cuando alguien comprende por qué tengo una fachada, la dejo a un lado y, juntos, nos quitamos nuestras fachadas. Si me siento querido sin la fachada, me veo tal como soy y me puedo abrir. Cuanto más me abro, menos energías gasto para sostener mi fachada antes de ayudar a otro a quitarse la suya. No me conoceré hasta que comprenda que yo no soy mi fachada.

En ciertas ocasiones digo: «Soy yo, esto no es una fachada», pero eso no es cierto y todo el mundo lo sabe. No debo limitarme a decirles a los demás que no hay ningún peligro en quitarse la fachada; debo demostrarlo. Apenas soporto mi fachada si tú no tienes una. A veces, me resulta más fácil ver la tuya que la mía. Cuando ayudo a otro a quitarse su fachada, la mía puede herirle si me olvido de quitármela; o ella nos hiere a ambos.

Cuando acepto que tengo necesidad de una fachada, descubro que ya no la necesito tanto. En ocasiones trato de quitármela. Entonces, como a los demás se les hace difícil soportar la suya, me ayudan a quitármela. Sólo estoy en posición de ayudar a los demás cuando aprendo a quitarme mi fachada. Quitársela es descubrirse, afirmarse y crecer.

(Autor desconocido)

El apodo de Jean-Claude

Una psicopedagoga que trabajaba en colaboración conmigo trató a un chico de catorce años que presentaba graves problemas escolares. Su padre le había puesto el sobrenombre de Ta-ta-ta, que, para Jean-Claude, equivalía a idiota. Todos sus allegados adoptaron rápidamente ese apodo para burlarse de él. Sin embargo, en el transcurso de las conversaciones con el chico, la psicopedagoga pudo darse cuenta de que era mucho más inteligente de lo que parecía, aunque la imagen que tenía de sí mismo era tan pobre que se creía incapaz de aprender nada. Ella le propuso realizar un test para calcular su coeficiente intelectual, y se quedó sorprendida de los resultados. El test que Jean-Claude había hecho demostraba, sin sombra de duda, que era muy inteligente. Así se lo comunicó, y le ofreció su ayuda para transformar la imagen tan negativa que tenía de sí mismo. En sólo tres meses, sus resultados académicos mejoraron significativamente.

Louise se creía inferior a los demás

Cuando Louise comienza a asistir a la escuela, toma instintivamente el lápiz con la mano izquierda. La monja que le da clases es diestra y no consigue enseñarle a escribir con la mano izquierda, de modo que la obliga a hacerlo con la derecha. Pero, instintivamente, Louise vuelve a utilizar la mano izquierda. La monja interpreta eso como un gesto de mala voluntad y le da varios golpes con la regla. Ella se esfuerza cada vez más para luchar contra su naturaleza zurda. Con un sentimiento de impotencia hacia la autoridad que la monja representa, piensa: «No soy como los demás, jamás podré salir adelante como ellos».

Ésta es la imagen que Louise se creó y que la persiguió durante muchos años. Convencida de que no podía avanzar como los demás, atraía todo tipo de situaciones que confirmaban sus pensamientos. Cuando la recibí en mi consulta, no lograba conservar ningún trabajo. Además, cada nuevo empleo era más denigrante. La ayudé a encontrar una imagen sana de sí misma y a aceptar su diferencia para que dejara de sentirse inferior a todo el mundo. Gradualmente, logró reconstruir su confianza en sí misma.

- ¿Cómo creer que somos dignos de ser amados cuando pensamos que somos detestables o malvados, o que nadie nos quiere?
- ¿Cómo pensar que somos buenas personas cuando estamos convencidos de que tenemos mal carácter?
- ¿Cómo estar seguros de que somos valiosos cuando nos han dicho que somos inútiles o unos idiotas descerebrados?
- ¿Cómo aceptar que somos bellos cuando se han burlado de nosotros, cuando han hecho hincapié en aquello que no aceptábamos de nosotros mismos, como nuestro peso, nuestra estatura, la forma o el color de nuestro cabello o nuestro pecho?

Cuando tenía doce años, un día, mientras paseaba, un chico que iba en bicicleta pasó a mi lado y me dijo: «¿Sabes que eres guapa?». Recibí ese comentario como si se tratara de un insulto, convencida de que se burlaba de mí.

Cuando miro las fotos de esa época, sólo puedo comprobar que era bastante mona. Sin embargo, ¿cómo iba a creérmelo cuando mi hermano no dejaba de decirme que tenía una nariz enorme y me llamaba «patas secas» porque era muy delgada.

El verdadero drama es que creímos a esas personas que nos menospreciaban y en la actualidad no podemos creer a quienes nos dicen que somos maravillosos. Tratamos por todos los medios de demostrar a los demás de lo que somos capaces, pero, aunque nos aprecien, ponemos en duda aquello que nos dicen. Y lo que es peor, pensamos que tratan de manipularnos o seducirnos.

Me descubro

¿Cómo encontrar una imagen sana de nosotros mismos?

Lo hacemos cuando recuperamos a nuestro niño herido que se ha sentido rechazado, despreciado, criticado o humillado.

Permitimos que esas imágenes de nuestro pasado afloren, sin forzarlas, y simplemente acogemos los recuerdos que salen a la superficie. De esa forma, la persona que somos en la actualidad podrá acoger al niño que fuimos, el que se sentía avergonzado o infeliz, o que quería desaparecer. Podremos abrazarlo para darle consuelo, para asegurarle que lo que le dijeron no es verdad, que no es malvado, que no tiene mal carácter y que es digno de amor. Podremos ayudarle a que se dé cuenta de que sólo eran palabras de impaciencia o rabia, o la expresión del sufrimiento del otro. Podremos contribuir a que devuelva las palabras hirientes a quienes lo culpabilizaron, denigraron o humillaron.

Así es como yo le devolví a mi profesora las palabras «Tú, tú, ¡tú eres tan detestable! ¡Nadie te quiere y nadie te querrá jamás...!». Una vez me hubo dicho esas palabras, me fui a la orilla de un río cercano y me senté sobre las rocas para llorar. Estaba enfadada con Dios y, al dirigirme a él (conforme a la idea que tenía de Dios en aquella época), le dije: «¿Cómo puedes ser justo y bueno, si a unos les das todo y a otros no nos das nada?» –comparaba mi situación con la de mi mejor amiga, a quien consideraba más privilegiada que yo–. «¿Cómo has permitido que me acusaran, si sabes que yo no robé ese bolso?»

Recuperé esa imagen de la niña de trece años sentada sobre una roca. Me vi a mí misma, mi yo adulto, entrar en esa imagen y acercarme a ella. La consolé y le dije que ya no estaría sola, que yo estaba allí y comprendía su dolor. Le pregunté: «El año pasado no tuviste ningún problema con tu profesora;

le limpiabas su mesa, le llevabas los libros. ¿Por qué crees que te fue bien con ella?». La pequeña respondió: «Porque me sentía querida por ella». «¿Es posible que hayas querido llamar la atención de tu profesora con comportamientos que le molestaban?», pregunté de nuevo. La niña contestó: «Sí, eso es verdad ». «¿Un niño que tiene necesidad de atención es un niño detestable o es un niño con necesidad de amor?», volví a preguntarle. «Un niño con necesidad de amor », respondió la pequeña.

«Ven. Dame la mano y vamos a devolverle esas palabras a tu profesora.» Imaginé cómo la profesora recogía sus cosas para abandonar la clase. Me vi llevando a la pequeña cerca de ella para que pudiera devolverle aquellas palabras hirientes.

Diálogo entre la niña de trece años y su profesora

Niña: Señora, he venido a verla porque tengo algunas cosas que decirle.

Profesora: ¿Qué quieres decirme?

Niña: Yo no soy detestable, lo que pasa es que usted es una mala pedagoga. Porque si hubiera sido una buena pedagoga, habría tratado de comprenderme, en lugar de condenarme. No tengo padre, mi madre prácticamente nunca está en casa, y tengo un hermano que me da tanto miedo que no me atrevo a entrar en casa si mi madre no está. Tenía mucha necesidad de que un adulto me comprendiera, pero no sabía cómo decirlo, y por eso trataba de llamar su atención. Yo no robé su bolso, ¡pero usted me acusó sin siquiera preguntarme si se lo había cogido! Usted me llamó ladrona delante de toda la clase y pidió a todos mis compañeros que me ignoraran. ¿Cree usted que ha actuado como una buena persona?

Profesora: No sabía nada acerca de la situación que vivías en tu casa. Todo lo que sabía era que molestabas continuamente en clase y, como me preocupo de que mis alumnos salgan adelante, no podía soportar más tu comportamiento. Pero es verdad que no traté de comprenderte y que no te pregunté si habías cogido mi bolso. Te pido perdón por eso. Cuando te dije que eras detestable, sólo fueron palabras de desesperación. Y cuando te dije que nadie te querrá, lo que realmente quería decirte era que, si continuabas con tu comportamiento rebelde, te arriesgabas a ser rechazada. Sin embargo, ahora que muestras tu verdadero rostro, me doy cuenta de que eres una buena persona.

Niña: Gracias por haberme escuchado y por lo que me ha dicho.

Profesora: Gracias por haber venido a explicarme por qué te comportabas así. Ahora te comprendo mejor.

Tras haber hecho este trabajo con la niña de trece años que vivía en mí, en mis recuerdos, me resultó mucho más fácil percibir el amor que los demás sentían hacia mí.

Sólo cuando nos sentimos verdaderamente amados podemos creer que somos dignos de amor. No podemos sentirnos verdaderamente amados si creemos que no somos dignos de amor.

De ahí la importancia de liberarnos de las palabras que pudieron hacernos creer que no éramos dignos de ser amados.

A continuación, podremos aplicarlo a nuestra vida presente, porque, cuando nos sentimos acusados, culpabilizados, humillados y denigrados, o algo no sale bien, tendemos a creer que es por nuestra culpa sin comprobar si realmente es así.

Durante años me sentí culpable de todos los problemas que surgieron en mis relaciones de pareja. En cierta ocasión, me preparaba para recibir un grupo de alumnos en mi casa, pero tuve que ausentarme durante un momento para ir a la ferretería. Sin embargo, cuando llegué a la tienda, me acordé de que tenía cita en la peluquería. Así que me dirigí allí. Como llegué ya tarde no quise hacer esperar ni un segundo más al peluquero y me puse inmediatamente en sus manos. Regresé a casa tres horas más tarde y advertí que mi compañero estaba algo molesto. Le expliqué lo que me había ocurrido y por qué no lo había llamado por teléfono. Después, le ayudé a preparar la sala para nuestros alumnos e hice la comida, pero él me dijo que no tenía hambre y no quiso comer. Pasó el tiempo y me olvidé por completo de ese suceso hasta que, durante una discusión, él me acusó de no contar nunca con él. Entonces, cuando le pedí que me diera un ejemplo de no haber contado con él, sacó de nuevo aquel incidente: «Me había pasado todo el día preparando la sala para recibir a tu grupo y tú ni siquiera te preocupaste de decirme adónde ibas. ¿Sabes qué cara se me quedó cuando me llamaron por teléfono? No sabía decirles dónde estaba mi mujer. Ni siquiera tuve tiempo para comer antes de que llegaran los alumnos...». Me sentí una ingrata con él, que había sido tan amable al encargarse de limpiar la sala. Me avergoncé de haber actuado de un modo tan egoísta y me fui a dormir. Pero, en cuanto me tumbé en la cama, recordé lo que había acontecido realmente aquel día. Él se había pasado parte de la mañana y el mediodía instalando un garaje. Cuando llegué, acababa de empezar a limpiar la sala, de la cual habíamos acordado que se encargaría él. Yo le ayudé a terminar. Al sentirse culpable por haberse retrasado, proyectó en mí su propia culpabilidad.

Con mi madre me sucedía exactamente lo mismo cuando trataba de culpabilizarme. Me decía: «Después de todos los sacrificios que hice para criarte...». En aquellos momentos, me sentía una ingrata por no responder a las expectativas que tenía de mí, por no ser la persona que pensaba que ella quería que fuera. Y cada vez que me hacía responsable de todos los problemas que tenía con su segundo marido, yo la creía y me atribuía toda culpa.

Después, en mi vida, cada vez que surgía un conflicto con mi pareja no podía dejar de creer que era por mi culpa. Como me sentía culpable, mi pareja me confirmaba que me había equivocado y, entonces, yo me culpabilizaba todavía más. Por ejemplo, en cierta ocasión tuvimos una importante discusión durante una salida. Mientras regresábamos, le dije: «Dime que no soy la única responsable de que esta velada se haya estropeado». Y él, encolerizado, me contestó: «¡Sí, es tu culpa! Siempre lo estropeas todo, disfrutas con los problemas; pero yo ya estoy harto, así que ¡vete a tener problemas con otro!».

En ese momento me sentí rechazada al atribuirme, una vez más, toda la culpa.

Para liberarme de la creencia de que era ingrata, egoísta, caprichosa o eternamente insatisfecha, características que mi compañero veía en mí, necesité liberarme de mi pasado y de todo aquello que había creído con relación a las expectativas que mi madre tenía de mí.

Necesité encontrar a la niña que había creído todo aquello, para que pudiera liberarse de esas creencias erróneas. El hecho de que no siempre quisiera responder a las expectativas de su madre no significaba que fuera egoísta ni que no reconociera lo que su madre hacía por ella. Que sólo quisiera comer un plato no quería decir que fuera caprichosa o eternamente insatisfecha.

Con demasiada frecuencia, quienes no saben darse nada a sí mismos acusan a los demás de ser egoístas. Quienes no se permiten descansar reprochan a los demás que son perezosos. Quienes tienen miedo de decir «no», dicen que el otro es caprichoso. Quien no sabe ocupar su sitio acusa al otro de querer controlarlo todo.

También aprendí a preguntarme «¿Soy verdaderamente culpable?» y a confrontar aquello que me dicen para poder responsabilizarme únicamente de la parte que me corresponde sin asumir que toda la culpa es mía.

En el ejemplo de la peluquería, me responsabilicé de la parte que me correspondía. Tenía que haber dedicado un par de minutos para avisar a mi compañero que me había olvidado de aquella cita. Sin embargo, si él no había comido era únicamente porque estaba enfadado y no porque no tuviera tiempo de hacerlo.

Al dejar de atribuirme yo todas las culpas, los demás dejaron de culpabilizarme. Y cuando mi nuevo compañero quiere echarme la culpa de algo de lo que yo no me considero culpable, no permito que lo haga y defiendo mi posición. De ese modo me respeto y me hago respetar.

En otro capítulo profundizaremos en el tema de la culpabilidad para aprender a liberarnos de una vez por todas de ese sentimiento que sólo sirve para amargarnos la alegría de vivir.

Descubro mis fortalezas

¿Cuáles son tus fortalezas? Para descubrirlas, redacta una lista con lo que consideras que son tus cualidades y defectos. Comienza por aquellos que tú ves, y después continúa con los que los demás ven en ti.

Mis cualidades	**Mis defectos**
....	....
....	....
....	....
....	....

Observa las cualidades. ¿Qué te hace pensar que lo son?

Por ejemplo, si escribiste: «Soy amable».
¿Por qué crees que eres amable?
¿Es lo que dicen de ti aquellos que te rodean?
¿Te sientes bien con esa imagen de ti mismo?

Con el objetivo de ser amados, con frecuencia tratamos de ofrecer una imagen agradable a quienes nos rodean, pero esa imagen puede impedirnos que seamos nosotros mismos.

Luc tiene un padre dominante y violento. Como por nada del mundo quiere parecerse a él, desarrolla su lado femenino en detrimento de su parte masculina, y se convierte en un hombre más bien pasivo y conciliador.

Todo el mundo dice que Luc es muy amable. Él desea mantener esa imagen de «chico bueno», aunque, al mismo tiempo, vive un terrible conflicto interior.

Al mostrarse tan conciliador, siente que sus necesidades siempre van después de las de otras personas. Cuando pide algo y encuentra alguna objeción, insiste tan poco que los demás creen que aquello que solicita no le importa demasiado y no llegan a ver la relevancia que tiene para él. Y eso le deja la sensación de perder siempre en sus interrelaciones con los demás.

Harto de ser un amable perdedor, se vuelve intransigente y se aleja de quienes, según él, han abusado de su generosidad.

¿Está siendo él mismo? ¿O vive reaccionando a la violencia de su padre?

¿Su amabilidad le resulta beneficiosa o le mantiene en una imagen que le impide ser auténtico?

Desde mi adolescencia hasta los treinta años, quise mantener la creencia que la gente tenía de mí de que era una persona generosa. Si una amiga me comentaba lo mucho que le gustaban mis zapatos, se los daba. Si otra se extasiaba delante de uno de mis cuadros, siempre encontraba una ocasión para regalárselo. Prestaba absolutamente todas mis ropas a mi hermana. No obstante, si ella no me dejaba uno de sus vestidos, le montaba un número y le decía que era una egoísta.

¿Era mi generosidad una auténtica cualidad? ¿Me resultaba beneficiosa? ¿Se basaba principalmente en el miedo a ser egoísta?

A menudo digo: «Hay que ser bueno, pero no tonto». Y, en fin, ¡yo he sido con frecuencia lo bastante tonta como para alimentar la creencia de que era generosa! Para mí, ahora, la verdadera generosidad consiste en transmitir a los demás aquello que puede facilitarles el acceso al conocimiento y a su propia autonomía, lo cual no excluye hacer alguna aportación material.

La verdadera generosidad consiste en creer en el otro.

YVAN HERIN

Observa ahora aquello que tú crees que son tus defectos. ¿Qué te hace pensar que lo son?

Enumera los defectos que te han reprochado durante tu infancia o adolescencia y confróntalos a fin de descubrir si eran defectos verdaderamente. Con frecuencia a los niños pequeños se les reprende por tener demasiado carácter, y, una vez que crecen, se les reprocha que no tengan el carácter suficiente.

¿Qué defectos crees que tienes? ¿Son realmente defectos o se trata de mecanismos de defensa o protección?

Una mujer estaba convencida de que tenía muy mal carácter. Cuando era pequeña, un tío suyo solía ir a visitarla a su casa. Cada vez que lo hacía, la sentaba en sus rodillas y aprovechaba para tratar de tocarle los genitales. La niña intentaba escabullirse, pero su madre le decía que se portara bien. Y, como no sabía cómo expresar su malestar, siempre terminaba por mostrarse muy desagradable, y hasta rebelde, porque no se sentía comprendida ni protegida. Fue entonces cuando comenzaron a decirle que tenía muy mal carácter.

¿Era realmente eso, o simplemente expresaba un sentimiento de desagrado? Y tú, ¿crees que eres agresivo por el simple hecho de que, a veces, te enfadas? La rabia es una emoción; tal vez tengas cierta dificultad para dominar tus emociones, pero eso no te convierte en una persona agresiva.

Una alumna me dijo que uno de sus mayores defectos era que tenía mal carácter. Tanto su padre como todos los miembros de su familia paterna le decían a menudo que así era. Le pregunté: «¿Crees que tu padre y su familia tienen tanta determinación que cuando se les mete una idea en la cabeza la tienen que llevar hasta el final?». Contestó que efectivamente así era. Entonces, le pregunté: «¿Tener determinación equivale a tener carácter, o a tener mal carácter?». «¡A tener carácter!», me respondió. «Y tú, cuando quieres verdaderamente algo o estás totalmente convencida de algo, ¿también eres una persona con determinación?», volví a preguntar. Contestó que sí. «¿Se podría decir entonces que tienes carácter y no mal carácter?»

Mi alumna respiró tranquila. Le resultó muy fácil aceptarse con esta nueva percepción de sí misma.

Cuando era pequeña me reprochaban que fuera charlatana. Durante años creí que era uno de mis defectos. Para corregirlo, trataba con todas mis fuerzas de contenerme y no hablar. Después, comprendí que aquello que consideraba un defecto era, en realidad, una de mis mayores fortalezas. No era una charlatana, sino una gran comunicadora. Cuando reconocí esta fuerza en mí, dejé de rechazarme y utilicé esta capacidad para poder convertirme en conferenciante, animadora de grupos de crecimiento interior, psicoterapeuta, formadora de practicantes de metamedicina y escritora.

¿Qué habría ocurrido si hubiera seguido creyendo que expresarse con facilidad es un defecto? Jamás habría desarrollado todo ese potencial que hay en mí. Y este reconocimiento no excluyó que tuviera que aprender a escuchar.

Mis anteriores parejas me reprochaban que tuviera un carácter variable, y yo recibía esas observaciones como críticas a mi persona. El temor a que me reprocharan un cambio de opinión me hacía caer en un estado de inactividad e indecisión. Y, en este tipo de situaciones, tenía tanto temor a equivocarme que, invariablemente, nunca tomaba la decisión correcta y me veía obligada a cambiar de planes. Lo cual, para ellos, equivalía a un cambio de opinión. Al tomar conciencia de ello, pude transformarlo como había hecho anteriormente con la etiqueta de charlatana que me habían puesto. Fui capaz de ver esa parte de mí que era variable como un rasgo de flexibilidad. Puedo adaptarme fácilmente a diferentes entornos, personas y situaciones, aunque también tuve que aprender a construirme ciertas estructuras para poder avanzar en lugar de volver a empezar continuamente.

Eso que llamamos defecto es, en realidad, una fuerza no dominada.

Busca la fuerza que se esconde en lo que crees que son tus defectos. Esa búsqueda te permitirá darte cuenta de que, de hecho, no tenemos defectos, sino simplemente fortalezas que, a veces, se expresan en exceso y necesitamos aprender a dominar.

Conocer tus fuerzas es una gran ventaja que te permitirá triunfar en la vida. Hasta que las conozcas, tratarás de hacer las cosas lo mejor que puedas o como los demás. No obstante, imitar a otra persona es perderse el propio potencial. Los imitadores sólo conocen éxitos mediocres. Únicamente aquellos que reconocen sus propias fuerzas y saben sacarles partido logran éxitos importantes.

En mi etapa de estudiante, mi profesor de filosofía nos repetía: «Sólo los mejores triunfan». Como no me consideraba uno de ellos, no tenía demasiadas esperanzas de triunfar. Sin embargo, a pesar de no haber sido la mejor, gozo de cierto éxito dentro de mi campo.

Mis observaciones me han demostrado, sin sombra de duda, que quienes triunfan no son necesariamente los mejores. Más bien son aquellos que reconocen sus propias fuerzas y hacen uso de ellas.

Cuando tratamos de descubrir nuestras fuerzas, es normal que nos inspiremos en aquellas personas que admiramos o que hacen lo que desearíamos hacer. Por lo general, ésta es la primera etapa en nuestro camino hacia la realización.

La segunda etapa consiste en experimentar formas diferentes de hacer las cosas, aquellas que se ajustan más a quienes somos y con las que nos sentimos totalmente cómodos.

Por último, la tercera etapa consiste en concentrar las fuerzas en lugar de dispersar la energía con la idea de tratar de dominar varios ámbitos.

Es mejor dominar un solo campo que ser mediocre en varios.

Todos tenemos fortalezas, limitaciones y debilidades; lo que sucede es que éstas son diferentes en cada persona.

Hubo un tiempo en el que me comparaba con los demás de un modo poco favorable para mí. Si me encontraba ante una persona que había triunfado en su campo o que tenía una formación universitaria superior a la mía, me sentía inferior a ella. Cuando comprendí que todos somos sabios e ignorantes, pero que conocemos e ignoramos cosas diferentes, comencé a reconocer en los demás sus fortalezas y debilidades, al tiempo que también reconocí las mías. De ese modo, podía beneficiarme de sus conocimientos, y ellos de los míos. A partir de entonces, ya no volví a sentirme inferior o superior a nadie. Reconozco mis fortalezas y ya no me avergüenzo de mis limitaciones o debilidades.

Dije que ya no me avergüenzo porque hubo un tiempo en el que sí lo hacía. Cuando era una niña, reaccionaba ante cualquier forma de autoridad, con lo cual siempre terminaba con el pupitre en el pasillo. Esto me obligó a desarrollar mi carácter autodidacta, habida cuenta de que con mi actitud me perdía bastantes clases. En aquellas asignaturas que exigían hacer uso de la lógica, el análisis o la lectura me iba bastante bien. Pero las clases de gramática eran otra historia. La ortografía era mi talón de Aquiles. Cuando comencé a impartir cursos de crecimiento personal, me costaba ponerme a escribir en el encerado por temor a cometer faltas de ortografía. Y como en ciertos momentos necesitaba hacerlo, bastaba con que un alumno señalara una de ellas para que me sintiera avergonzada.

Tras concederme el derecho a tener ese punto débil, comencé a prevenir a mis alumnos, avisándolos de que no impartía cursos de gramática, sino de conocimiento interior, y que si cometía faltas de ortografía aceptaba con gusto la ayuda de cualquier corrector que se encontrara en el grupo. Después, todos nos reíamos.

Y tú, ¿conoces tus fortalezas y debilidades?

Mis fortalezas	**Mis debilidades**
....	....
....	....
....	....
....	....

Por ejemplo:

Mis fortalezas	Mis debilidades
Convicción	Dispersión
Tener muchas ideas	Contemporizar
Capacidad de comunicación	Actuar antes de reflexionar
Desenvoltura	Impaciencia
Capacidad de organización	La gestión
Humor	La contabilidad
Liderazgo	Tendencia a subestimarme
Ordenada	Indecisión
Cantar	Confianza en mí misma
Bailar	Ocupar mi sitio
Animar	Trabajar en grupo
Decorar	Inseguridad económica

Motivar a los demás	Dudas sobre mí misma
Crear a partir de cero	Rencor
Descubrir las necesidades de los demás	Miedo a la crítica
Enseñar	Dificultad para escuchar a los demás
Escribir	La ortografía

¿Cómo podrías utilizar más esas fortalezas y superar esas debilidades? Opta por aquellas actividades en las que puedas hacer uso de las primeras y encontrar ayuda para las segundas.

Por ejemplo, si me doy cuenta de que soy demasiado espontánea a la hora de tomar decisiones, podría pedir consejo a una persona que haya desarrollado el hábito de reflexionar antes de actuar.

Si tuviera dificultades con la disciplina, aceptaría que alguien me ayudara a crearme un programa que seguir.

Y si me gusta la escritura, pero tengo problemas con la ortografía, busco a alguien que domine bien esa disciplina para que pueda corregir mis textos.

A continuación, haz una lista de aquello que admiras de las personas con las que te relacionas con más frecuencia. Por ejemplo:

- Admiro la sinceridad de tal persona.
- Admiro la sencillez de tal otra.
- Admiro el sentido del humor de...
- Admiro la capacidad de organización de...
- Admiro el respeto de...
- Admiro la honestidad de...
- Admiro la dulzura de...

Ahora, haz otra de las características que te molestan o de aquello que te resulta difícil aceptar de las personas que conoces. Por ejemplo:

- Detesto a los mentirosos.
- Detesto a la gente que siempre llega tarde.
- Detesto a la gente que me pone nerviosa.
- Detesto a los impacientes.
- Detesto a quienes están siempre enfadados.
- Detesto a quienes siempre quieren tener la razón.
- Detesto a quienes cambian de opinión continuamente.
- Detesto a los que se entrometen en los asuntos de los demás.
- Detesto a los que esperan hasta el último minuto.
- Detesto a los orgullosos.
- Detesto a los que van de víctimas.
- Detesto a quienes critican constantemente.

Deja el libro y permítete unos instantes de reflexión para averiguar en qué te reflejan esas características.

Aquello que admiramos de otras personas es una parte de nosotros mismos que nos pertenece. Si no fuera así, no lo veríamos en los demás. Al reconocerlo, podremos comenzar a manifestarlo gradualmente.

Hubo un tiempo en que admiraba la capacidad de mi maestro espiritual para responder adecuadamente a casi todas las preguntas. En aquel momento, jamás hubiera pensado que llegaría un día en el que yo misma podría responder tan correctamente a tantas preguntas. Al reconocerla, desarrollé esa cualidad casi sin darme cuenta. Y ahora son los demás quienes me hacen la misma observación que anteriormente yo había hecho sobre mi instructor. La verdad se halla en el fondo de cada uno de nosotros y, cuando confiamos en nosotros mismos, sale a la superficie.

Si aquello que admiramos en los demás es una parte de nosotros mismos que, con frecuencia, no hemos reconocido, lo contrario también es cierto. Todo aquello que nos molesta de los demás se corresponde con una parte de nosotros mismos, una parte que no creemos tener o que, a veces, no deseamos reconocer. Y que sólo podremos superar si la aceptamos.

Jesús dijo: «Es más fácil ver la paja en el ojo ajeno que la viga en el propio».

Una de las cosas que más me molestaban era la costumbre de algunas personas de meterse en los asuntos de los demás y no ocuparse de los suyos. Estaba convencida de que yo no lo hacía; sin embargo, ¿cuántas veces quise ayudar a mi familia sin que nadie me lo pidiera, o di opiniones y consejos que nadie me había pedido? En realidad, no me inmiscuía menos en los asuntos de los demás que aquellas personas a las que se lo reprochaba.

Esos aspectos de nosotros mismos pueden manifestarse de un modo diferente, pero el resultado es el mismo. Puedo detestar a los mentirosos y mentirme a mí misma. Pero ¿cómo puedo admirar a las personas honestas y, al mismo tiempo, detestar a las deshonestas? ¿Soy honesta y deshonesta a la vez?

De hecho, como la mayoría de los seres humanos, tenemos la dualidad de un nivel mental superior y otro inferior; un equivalente del ángel y el diablo que hay en nosotros. Cuando nos situamos en el nivel mental superior, o nuestro ángel, somos fieles a nosotros mismos. Mientras que, cuando pasamos a nuestro nivel inferior, ese pequeño diablo que habita en nuestro interior, dejamos de ser fieles a nuestra naturaleza superior. De ese modo, cuando soy honesta me siento bien conmigo misma. Por el contrario, cuando actúo con deshonestidad (con embustes o engaños), no me siento bien.

Cuando nos mostramos indulgentes con una debilidad que observamos en otra persona, es porque hemos reconocido esa debilidad en nosotros mismos y nos hemos dado permiso para tenerla.

Por el contrario, si no podemos aceptar un rasgo del carácter de otra persona, es porque no nos hemos dado permiso para ser así. Nos resistimos a ese rasgo proyectándolo en el otro. «Esa persona en el fondo es egoísta», diremos, con lo cual se sobreentiende que «nosotros no».

Esta negativa a reconocer que tenemos ese rasgo nos hace reaccionar exageradamente cuando nos comparan con la persona a la que no queremos parecernos por nada del mundo. Sólo tenemos que pensar en frases como: «Eres igual que tu padre», o «Eres como tu madre o tu abuela...».

Ahora, asocia esos rasgos que admiras o te molestan con aquellos que han tenido o tienen actualmente importancia en tu vida. Para ello, hazte la siguiente pregunta: «¿Qué persona de mi entorno tiene ese rasgo que admiro o me molesta?».

Este segundo ejercicio, además de que nos ayuda a descubrirnos, tiene la ventaja de que contribuye a liberarnos de nuestros juicios y críticas. Ejemplo:

Ordenada...mi tía Angèle
Dulce...una monja del convento
Generosa ....mi hermana Louise
No se ocupa de sus propios asuntos ....mi hermano Pierre
Persona violenta..mi padre
Persona orgullosa ....mi tío Paul
Persona tramposa......................................mi tío Charles

En los próximos capítulos descubrirás que con frecuencia reproducimos en nosotros mismos aquellos comportamientos que rechazamos o criticamos de nuestros padres o de las personas que han influido en nosotros.

Todos los individuos que tenemos normalmente cerca son reflejos de nosotros mismos, tanto nuestros hijos, pareja y amigos como compañeros de trabajo, pacientes y vecinos. Los hemos atraído a nosotros porque se nos parecen. Actúan como un espejo o un revelador de quienes somos.

Cuando los criticamos o rechazamos, rechazamos también una parte de nosotros mismos. Jamás podremos liberarnos de aquello que rechazamos, porque el rechazo va en contra de nuestra naturaleza divina, que es amor.

Si repudiamos a una persona, atraeremos a otra todavía peor que nos hará descubrir más fácilmente aquello que tiene que revelarnos de nosotros mismos.

Si tomamos conciencia de ello, podremos transformarlo.

Cuando cambiamos interiormente, el mundo que nos rodea también cambia.

Cuando cambiamos, es sorprendente ver cómo los demás modifican su actitud con nosotros o se alejan. Nuestra pareja cambia, la relación con nuestros hijos se transforma, perdemos a ciertos amigos y hacemos otros nuevos. Lo mismo sucede con las situaciones vitales: conseguimos un nuevo empleo, los vecinos desagradables se trasladan, reconocen por fin nuestro trabajo hasta entonces ignorado, compramos una nueva casa, cambiamos de coche, etc.

Muchas de las personas que emprenden un camino espiritual temen perder a su pareja si cambian. Eso representa efectivamente un riesgo. Pero necesitamos recordar que no hemos venido a la tierra para emparejarnos, sino para evolucionar.

Mi trabajo de autodescubrimiento me ha llevado a vivir varias separaciones de pareja. Sin embargo, mis relaciones han sido cada vez más maravillosas. Hace unos años, me divorcié del hombre con el que pensé que viviría hasta el fin de mis días y pasé por el duelo más difícil de mi vida. ¡Cuántas lágrimas derramadas! ¡Lo que habría dado por volver atrás! Pero la vida no va hacia atrás. Como dice mi hija, si fuera así, «Dios nos habría puesto ojos detrás de la cabeza». Crecí mucho interiormente con aquella relación. La que tengo en la actualidad con mi nuevo compañero supera todo lo que jamás haya podido soñar.

Bendigo todo lo que he vivido con cada uno de mis anteriores compañeros. Cada uno de ellos estuvo en mi camino para que pudiera descubrirme y crecer, y yo estuve en sus caminos por la misma razón.

Pero tampoco hay que creer que para crecer interiormente y evolucionar debamos cambiar de pareja. Mientras los dos miembros se instalen en la misma frecuencia vibratoria, la pareja podrá continuar. Sólo cuando ambos dejan de estar en sintonía, las circunstancias los llevarán a querer alejarse o dejarse. Los dos miembros de la pareja pueden tanto estancarse juntos como ayudarse mutuamente en sus respectivos caminos.

¿Cuáles son los miedos que viven en ti?

¿Cuáles son los miedos que te impiden ser tú mismo? Para descubrirlo, piensa en aquellas situaciones que te han dolido, apenado o marcado.

En general, tememos revivir aquellas situaciones que nos resultaron dolorosas y, para protegernos, levantamos fachadas a nuestro alrededor. Si tenemos miedo a revivir una situación de rechazo, difícilmente vamos a permitir que los demás se nos acerquen. En la superficie sí, pero si se acercan demasiado nos volvemos recelosos. Y, además, si recibimos amor, debemos darlo, y eso nos da miedo. ¿Qué nos pedirán a cambio? Si amo a esta persona y me rechaza, ¿podré sobreponerme a un nuevo rechazo? Por eso, prefiero estar seguro dentro de la torre que ya conozco antes que arriesgarme a que me destruyan con un nuevo rechazo. Cada uno de nuestros miedos nos lleva a querer protegernos, y eso es lo que más nos impide que seamos nosotros mismos.

Observa bien y verás que cuando te sientes amado y seguro, sin el riesgo de ser manipulado, dominado o rechazado, te resulta fácil ser tú mismo. Y cuanto más eres tú mismo, más auténticos se mostrarán los demás contigo, porque ellos también se sentirán seguros. Así que, para ser cada vez más auténtico, deberás correr el riesgo de mostrar aquello que temes revelar.

Con relación a esto, viví una experiencia muy reveladora cuando estaba en la universidad. Había conseguido un trabajo de verano que consistía en impartir clases de lengua francesa a niños no francófonos. Para recibir la formación previa, se constituyó un grupo, en el que yo me encontraba. Una vez terminado el periodo de formación, el grupo se dividió en cuatro subgrupos de diez personas, las cuales trabajarían juntas en una misma escuela. Uno de los miembros del subgrupo al que pertenecía tuvo la brillante idea de hacer el juego de la verdad. El juego consistía en decirse con franqueza y sin reservas todo lo que habíamos pensado, durante el curso de formación, de cada una de las personas del grupo.

Quedamos para hacer un *picnic* sobre el césped y, cuando terminamos de comer, se nos animó a revelar nuestras impresiones. Yo era la penúltima en hablar. Por turno, cada uno me lanzó sus críticas. Dijeron que me habían encontrado altiva, *snob*, antipática, engreída, etc. ¡Así es como habían percibido mi caparazón protector! En lugar de admitir que dudaba que me pudieran querer, prefería convencerme de que yo era mejor que aquellos que podían rechazarme. En ese sentido, rechazaba a los demás antes de que ellos pudieran hacerlo. Mi orgullo estaba a salvo y mi complejo de inferioridad bien disimulado.

Si no hubiera estado comprometida con aquel trabajo de verano, con toda probabilidad habría hecho lo que hice en numerosas ocasiones: dejarlos plantados y marcharme. Sin embargo, en aquella ocasión, no podía hacerlo, pues necesitaba aquel empleo para pagarme los estudios. Entonces, me arriesgué. Me arriesgué a quitarme la máscara y mostrarles mi vulnerabilidad al revelarles mis miedos. También, cuando llegó mi turno, les confesé que no sabía y que nunca había sabido cómo sentirme cómoda dentro de un grupo, porque interiormente estaba paralizada por el miedo a ser rechazada. Después les pregunté si podían ayudarme.

Fue un verano extraordinario que jamás olvidaré. Todos me tendieron la mano. Fue la primera vez que me sentí perfectamente a gusto dentro de un grupo.

No podemos racionalizar un miedo. Sólo podemos escapar de él o hacerle frente. Escapar no soluciona nada. Tarde o temprano, nos volveremos a encontrar con ese miedo.

Además, cuando tomamos una decisión sobre la base del miedo, jamás será una buena decisión.

A continuación tienes algunos ejemplos de los mecanismos de defensa que podemos adoptar:

- Temes ser rechazado por el grupo: te aíslas o los rechazas.
- Temes sentirte decepcionado: no emprendes nada.
- Temes no agradar a los demás: tratas de agradar a todo el mundo y desagradas a todos.

- Tienes miedo de decir no: dices sí y te sientes engañado o con rabia hacia los demás por explotarte.
- Temes herir los sentimientos de una persona: te tragas lo que tienes que decirle, y cuando lo dices explotas de rabia y le hieres todavía más.
- Tienes miedo a deber algo: no quieres recibir nada.
- Sientes miedo de tener más que los demás: destruyes lo que tienes o te privas de aquello que deseas.
- Tienes miedo de molestar: te las arreglas tú solo, a pesar de que tienes necesidad de ayuda.
- Tienes miedo a no tener dinero: compras lo más barato y no aquello que deseas.
- Tienes miedo a lo que digan o piensen de ti: actúas en función de los demás.
- Tienes miedo de ser criticado: te pierdes una buena oportunidad para superarte.
- Tienes miedo de que te abandonen: agobias a la persona que amas, y ésta termina por marcharse.

Para poder escapar de esas trampas, corres el riesgo de:

- Desagradar.
- Defraudar.
- Decir no.
- Molestar.
- Decepcionarte.
- Deber algo.
- Que te rechacen.
- Que te critiquen.
- Que te abandonen.

Pronto te darás cuenta de que cuanto más nos gustamos a nosotros mismos, más gustamos a los demás. Y que, además, cuanto más tratamos de no herir los sentimientos de los demás, más lo hacemos.

Así que, a partir de ahora, cada vez que dudes en decir o hacer cualquier cosa, pregúntate: «¿Qué miedo se esconde tras esta duda?». Cuando veas que no tienes nada que perder, y todo que ganar, lo harás sin ningún tipo de duda.

Entre todos los miedos que experimentamos, el miedo a equivocarse a menudo es el que más nos paraliza. Cuando trabajaba en el campo de la microbiología, deseaba reorientarme profesionalmente en el ámbito de la medicina alternativa. Pero el temor a cometer un error, a perder aquello que había tardado años en conseguir, me paralizaba. No lograba decidirme. Después, un día, un instructor a quien apreciaba mucho me dijo: «Claudia, en la vida nunca cometemos errores, sólo tenemos experiencias. ¿Para qué has venido a la tierra, sino para vivir las experiencias de tu evolución?». Esas palabras me animaron a pasar a la acción. Tomé la decisión de dejar mi empleo para unirme al centro de crecimiento personal al que solía acudir.

Mientras consideraba la posibilidad de dar una nueva orientación a mi profesión, mis allegados me prevenían: «Piénsatelo, nunca tendrás el salario que ahora ganas»; «Dejar un empleo tan bueno será un grave error»; «No eres seria»; «Te han hecho un lavado de cerebro...». Faltó poco para que me dijeran que estaba en una secta. Cuando tememos algo o dudamos de nosotros mismos, atraemos a personas que proyectan nuestros propios miedos y dudas. El día que tomé mi decisión y resolví enfrentarme a mis miedos, mi pareja me dio su aprobación. En la actualidad, mis allegados me dicen: «Estamos tan orgullosos de ti, Claudia, tan orgullosos de todo lo que has logrado...».

Fue uno de los mejores riesgos que he asumido, porque me permitió desarrollar confianza en la vida y elegir el camino del amor en lugar del sendero del miedo.

La confianza es el mejor antídoto contra el miedo. Para adquirirla, necesitamos desarrollar la voluntad de creer en nosotros mismos y en la vida.

La voluntad de creer en uno mismo

Esta voluntad puede tener un carácter temporal o permanente, y es la voluntad permanente la que te conducirá hacia donde deseas llegar, te ayudará a desarrollar los talentos que hay en ti y te permitirá ascender sin aplastar a los demás. Esta voluntad no es algo innato, sino que la desarrollamos a través de las experiencias de la vida.

Cuando me inscribí en los cursos de crecimiento personal, lo hice en primer lugar por mí misma, para superar aquellas depresiones en las que me hundía cada vez más. Después, ese autodescubrimiento me apasionó, lo cual me motivó para continuar. Al mismo tiempo, descubrí que al ayudar a los demás también influía en mí misma, puesto que cuando animaba a alguien, yo también me animaba, y cuando ayudaba a una persona a ver qué le ocurría, veía más claramente dentro de mí. Finalmente, llegó el momento en que tuve la oportunidad de impartir mis primeros cursos de crecimiento personal. Por entonces no tenía ninguna confianza en mí misma y sentía mucho miedo. Sobre todo temía no estar a la altura, que me juzgaran, criticaran o denigraran.

Todos esos miedos me creaban un nudo en el estómago, me producían sofocos y me hacían temblar, tartamudear o repetirme. A veces me preguntaba por qué me había embarcado en una aventura semejante con lo bien que me iba con la microbiología.

Para superar esos miedos, recurrí a las afirmaciones positivas, que me resultaron de gran ayuda.

Por ejemplo, para superar mi miedo a no estar a la altura o al fracaso que podría sobrevenirme si aquello no salía bien, me repetía cientos de veces: «En mí está todo lo que necesito para tener éxito, y tengo éxito en todo».

Repetía esa afirmación mientras estaba al volante de mi coche, a lo largo de toda la carretera que me llevaba al centro de crecimiento personal donde tenía que impartir los cursos. Al principio, no creía en ello, pero observé que repetir la afirmación me ayudaba a superar mi miedo de no estar a la altura. Además, vi que me servía para tener más confianza en mí misma. Con esa confianza, todo me iba mejor, y así comencé a creer cada vez más en mi afirmación. Y cuanto más creía en ella, más éxito obtenía en lo que emprendía.

El segundo de mis miedos era el de que me juzgaran y rechazaran. Al igual que antes, también utilicé una afirmación positiva para superarlo. Esta vez me repetía: «Soy una persona estupenda, tan importante como las demás. Me doy cuenta de que puedo y de que los demás me aprecian mucho. Cada día mi vida es más maravillosa».

Una de mis alumnas de raza negra temía continuamente el rechazo por parte de las personas de raza blanca. Le conté que uno de mis amigos haitianos se dijo un día: «Si continúo lamentándome por el hecho de ser negro, me arriesgo a ser infeliz durante toda la vida. Lo mejor que puedo hacer es aceptarlo y aprender a ser feliz con mi color de piel». Este amigo fue el primero en hacer bromas sobre su color. Por ejemplo, podía decir: «¡Yo y mis cosas de negro!». Toda persona racista olvidaba rápidamente su xenofobia ante este hombre que tanto se hacía querer.

A esta alumna también le dije que el color sólo tiene que ver con el sol. Cuanto menos se expone una persona al sol, más blanca es su piel, porque no tiene necesidad de protección contra los rayos solares, de la cual se encargan los pigmentos de melanina. Cuanto más oscura es la piel de una persona, más sol ha absorbido su epidermis o la de sus ancestros. El racismo proviene del miedo, de la ignorancia y de las comparaciones que nuestro querido EGO establece para sentirse superior o inferior.

Esta persona decidió dejar de subestimarse con respecto a las de piel blanca. En las semanas y meses posteriores observó que ya no se sentía en absoluto enfrentada a gente racista y que, por el contrario, los blancos que conocía no prestaban ninguna atención a su piel más oscura, aunque sí le decían que la encontraban muy guapa. Eso supuso un gran descubrimiento para ella. Cuando la volví a ver, me hizo partícipe de ello y añadió: «Esto es lo que les digo ahora a mis amigos de color».

El mundo que nos rodea no es más que el reflejo de lo que cultivamos en nuestro interior.

Modifica la imagen que tienes de ti mismo y verás cómo el mundo que te rodea se transforma ante ti.

¡La única persona a la que puedes cambiar eres tú!

En resumen, para desarrollar la voluntad de creer en uno mismo y en la vida, necesitaremos:

- Reconocer que contamos con fortalezas, limitaciones y debilidades.
- Tratar de desarrollar nuestras fuerzas, sobrepasar nuestras limitaciones y superar nuestras debilidades.
- Apreciarse en lugar de despreciarse.

- Superar el miedo a los juicios de los demás.
- Considerarse tan valioso como los demás.
- Ver la vida como si fuera nuestra amiga.
- Estar abierto a aprender de cada una de nuestras experiencias.
- Mantener una actitud positiva frente a las dificultades que encontramos.
- Lanzarse a nuevos retos y asumir riesgos.

Arriesgarse

Mostrar los sentimientos es arriesgarse a no ser comprendido o aceptado.
Llorar es correr el riesgo de ser vulnerable.
Reír es asumir el riesgo de parecer un poco loco.
Divertirse como un niño es correr el riesgo de parecer ridículo.
Compartir las ideas y los sueños es arriesgarse a que te critiquen o te desanimen.
Mostrar la alegría y la felicidad es arriesgarse a atraer la envidia o los celos.
Expresar los deseos es aventurarse a que te decepcionen.
Ser auténtico es arriesgarse a desagradar o decepcionar a los demás.
Amar es asumir el riesgo de no ser amado o de ser abandonado.
Atreverse es arriesgarse a fracasar.
Tener esperanzas es asumir el riesgo de desesperarse.
Vivir es exponerse a sufrir.

Un alto grado de autoconfianza y una imagen sana de uno mismo son características esenciales de la felicidad y el triunfo.

3

¡Soy fiel a mí mismo!

> *Somos libres ante aquello que aceptamos, ante aquello a lo que decimos sí. Somos prisioneros de aquello que rechazamos, de aquello a lo que decimos no.*
>
> ARNAUD DESJARDINS

Cuando un niño llega a este mundo, es él mismo completamente. Es un bebé y no trata de ser otra cosa. Tiene necesidades y exige que éstas sean cubiertas sin preguntarse si eso va a molestar a papá y mamá. Su única manera de expresarse es por la vía del llanto. Lamentablemente, no enseñan a las madres a descifrar ese lenguaje, y, lo que es peor, a algunas les han enseñado que los llantos del bebé son una expresión de sus caprichos o una manipulación.

Cuando estaba embarazada de mi hija, mi madre pensó que sería bueno darme algunos consejos que ella consideraba prudentes. Uno de ellos fue: «Si tu bebé ha comido bien, le has cambiado los pañales y llora en la cuna, déjalo llorar, porque, si respondes a sus lloros, terminarás por responder a sus caprichos, y después vas a tener problemas con él». Sin duda eso es lo que mi propia madre había aprendido y creído.

Cuando volví del hospital materno, me acordé del consejo de mi madre. Así que, tan pronto hube amamantado y cambiado los pañales a mi hijo, lo dejé en su hermosa cunita. Mi pequeña se puso a llorar para reclamar mi presencia. Por temor a consentirle sus caprichos, la dejé llorar. La primera tarde lo hizo durante más de dos horas. Me resultó muy penoso escucharla llorar y no intervenir. Habría querido ir a buscarla, pero me contenía y contenía a su padre, pues creía que así actuaba bien. La segunda tarde, lloró de nuevo, cerca de una hora, y la tercera alrededor de quince minutos. Después, jamás volvió a llorar cada vez que la dejaba en su cuna. Estaba convencida de que había dado con «una buena técnica». No fue hasta después de muchos años, tras haber realizado un trabajo sobre las heridas de mi niño interior, cuando me di cuenta de las repercusiones de la que yo había considerado «una buena técnica». Cuando mi hija experimentaba ciertas emociones, se encerraba en su habitación, como yo misma había hecho para ocultar las mías durante gran parte de mi vida, hasta que ese exceso de emociones negativas me llevó a querer morir. Aquel trabajo con mi niño interior me permitió comprender que un bebé necesita algo más que leche y ropa limpia: también necesita el calor del cuerpo de su madre para sentirse querido y seguro.

El niño pequeño que dejamos llorar en la cuna puede claudicar con el siguiente pensamiento: «¿De qué sirve llamar si, de todas formas, no van a venir?». Entonces, deja de llorar y busca un objeto que le sirva de consuelo, que podrá ser el dedo pulgar, su chupete, un peluche o un trozo de tela que se convertirá en su osito. Una vez convertido en adulto, no sabrá cómo pedir ayuda, pues está acostumbrado a no contar con nadie. Cuando experimente emociones dolorosas, se aislará en su sufrimiento y buscará de nuevo un objeto que lo consuele, como un cigarrillo (socialmente más aceptado que el pulgar en la boca), alimentos (chocolate, pasteles, patatas fritas...), alcohol, trabajo, compras, juegos, sexo... ¿Acaso no decimos que las personas dependientes del alcohol son alcohólicas y las que dependen del trabajo son workalcohólicas[1]? Toda forma de compulsión no es más que la expresión de un gran vacío interior.

Otros bebés, ante la negativa de la madre a prestarles atención, llorarán tan fuerte como para poder romper el muro de silencio, lo que obligará a uno de los progenitores a acudir a su lado. Algunos padres pueden irritarse hasta el punto de sacudir enérgicamente al niño o incluso llegar a pegarle. Ese bebé podrá pensar: «Para que respondan a mis necesidades tengo que gritar». Al hacerse mayor, se convertirá en ese tipo de niño que insiste hasta obtener lo que desea o que tiene crisis nerviosas cada vez que se siente incomprendido o ignorado. Si no se siente querido o le pegan, creerá que es por su culpa y que no es digno de ser amado.

Finalmente, ante esta falta de atención, otros niños pueden llegar al extremo de dejarse morir. Éste es el caso del pequeño de pocos años que enferma de meningitis o neumonía. Una vez enfermo, tendrá derecho a recibir atención extra. De ese modo, ese niño llegará a la conclusión: «Para que se ocupen de mí, necesito enfermar». Cuando crezca estará siempre enfermo para que lo atiendan.

El niño cree que no puede vivir si no es amado, puesto que depende enteramente de quienes lo cuidan. Es posible que piense que, si estos últimos no le quieren, no lo atenderán, y entonces se arriesgará a morir.

El niño buscará diferentes formas de recibir la atención y el afecto que necesita. Podrá tratar de complacer a sus padres ofreciéndoles sonrisas, extendiendo los bracitos hacia ellos o con alguna estratagema. Al crecer, ese niño tratará de convertirse en

1. Del inglés *workalcoholic*, "adicto al trabajo". N. del T.

quien cree que su madre espera que sea. De ese modo, cuando su madre le muestre la comida y le diga «una cucharadita por papá, una cucharadita por mamá, una cucharadita por la abuelita...», lo comerá todo para complacer a mamá, a papá, a la abuelita y a todos los demás. Y así continuará queriendo complacer a todos los de su entorno para ser el niño bueno de mamá o la niña obediente que todos quieren.

El niño sumiso es muy obediente en el exterior, pero vive su cólera interiormente. Es el típico niño que sonreirá ampliamente a su madre, pero tirará a su hermano de las orejas o destrozará el césped del vecino.

De adultos, hablarán poco, jamás te negarán nada y se mostrarán muy comprensivos, pero en su interior están llenos de cólera. El mal aliento, un olor corporal desagradable o algún problema hepático pueden delatarlos. Como no saben decir no, se sirven principalmente de excusas o de evasivas para negarse a hacer algo. Frecuentemente viven con miedo a comprometerse o a ser dominados, y ésta es la razón por la que sólo se implican superficialmente o prefieren evitar una determinada situación en lugar de arriesgarse a que ésta influya en ellos.

Por el contrario, hay niños que, ya desde muy temprana edad, muestran un carácter independiente. Se trata de aquel al que cuando le mostramos la cuchara y le decimos «una cucharadita por mamá, una cucharadita por...», nos tirará la comida a la cabeza antes de que hayamos pronunciado la palabra «papá».

Cuanto más tratemos de imponer normas de conducta a ese niño, más se rebelará y más se empeñará en hacer lo contrario de lo que esperamos que haga. En general, dirán que es un niño cabezota, malo, que tiene mal carácter, etc. Cuanto más traten de reprimirlo, más se endurecerá y más resistirá. Para insensibilizarse, se distanciará de sus sentimientos y emociones, y se refugiará en su cabeza para vencer a quien trate de dominarlo.

¡Soy fiel a mí mismo!

Su comportamiento expresa: «No haré eso que tú esperas de mí. No seré ése que tú quieres que sea. No cambiaré para complacerte. Debes quererme tal como soy. No te daré la alegría de ser como tú quieres que sea».

Ese niño puede resistirse a:

- Hacer lo que le piden.
- Peinarse correctamente.
- Vestirse como le dicen.
- Tener su habitación bien ordenada.
- Sacar buenas notas en la escuela.

Así como el niño dócil resulta fácil de querer, puesto que ha renunciado a sí mismo, el rebelde con frecuencia es el que se lleva todos los reproches y cachetes, los cuales afronta como si no le afectaran, aunque, en realidad, suele ser hipersensible y esconder su vulnerabilidad bajo una máscara de indiferencia. Ya de adulto, vivirá con miedo a ser dominado y rechazado. Para protegerse, su reacción será dominar o rechazar a los demás. Interiormente se siente malvado, se odia a sí mismo y a veces termina por autodestruirse, ya sea mediante el alcohol, las drogas, la enfermedad, los accidentes e incluso el suicidio.

La sumisión y la rebelión son dos extremos

La persona sumisa depende afectivamente de los demás. Por miedo a perder el amor de aquellos a quienes ama, pasa por alto los comportamientos que le disgustan de éstos, hasta que una gota hace desbordar el vaso ya lleno, y se cierra en sí misma, aguanta o explota.

Cuando explota se da cuenta de que eso hiere a quienes ama, por lo que se siente culpable y vuelve a su posición de sumisión hasta que llega un día en que ya no aguanta más ese tipo de situaciones. Entonces, pone fin a la relación con la ilusión de depender únicamente de sí mismo. Pero eso no es más que una ilusión, porque, mientras no haya aprendido a amarse lo suficiente, atraerá continuamente situaciones en las que tendrá la impresión de salir perdiendo.

¿Podemos ser sumisos y rebeldes al mismo tiempo?

Podemos adoptar esos comportamientos simultáneamente. Por ejemplo, sumisión en el colegio o el trabajo y rebeldía en el hogar. Es posible que hayamos sido sumisos durante la infancia y rebeldes en la adolescencia, o, en la actualidad, oscilar entre estos dos comportamientos, y ser sumisos y rebeldes a la vez.

Cuando tenía aproximadamente once años, comencé a ganar algo de dinero para mis gastos. Como deseaba agradar a mi madre y se acercaba su cumpleaños, le pregunté qué podía regalarle. Me respondió: «¡Oh! Lo único que quiero es que seas buena». Habría sido más sencillo que me hubiera pedido una caja de bombones, porque ¿dónde empezaba y terminaba eso de ser buena? Aún así, traté de ser buena para complacer a mi madre. Pero, cuando me peleaba con mi hermana o no hacía lo que ella esperaba de mí, me decía: «¿Ves como no eres buena? Y eso que te regalé ese abrigo tan bonito que querías y te compré la bicicleta que tanto deseabas...», (aunque me la hubiera comprado hacía ya dos años), y así hacía una lista de todo lo que me había regalado. Eso si no me decía: «Después de todos los sacrificios que hice por educaros...».

Cuando pronunciaba aquellas palabras, yo me sentía culpable, como si le hubiera acabado de quitar el regalo que me había pedido. Como me sentía ingrata y una mala hija, volvía a mi postura de niña sumisa para que me quisiera. Con el tiempo, harta de tratar de complacer a mi madre y no lograrlo, me volví muy rebelde con ella y, por extensión, con todas las formas de autoridad. Mi rebeldía expresaba: «Quiéreme como soy, ¡deja de pedirme que sea perfecta!».

También sentía esto con mis primeras parejas, con quienes tenía la sensación de que, en cierto modo, me pedían: «Sé guapa, sé buena y ¡cállate!». Y eso me llevaba a rebelarme. Era exactamente lo que había creído que mi madre quería de mí. Pero, en realidad, era yo misma quien me pedía ser perfecta, porque había llegado a la conclusión de que necesitaba serlo para que me quisieran.

La persona sumisa, al igual que la rebelde, no es ella misma. La primera renuncia a sí misma para que la amen, y la segunda vive reaccionando continuamente a cualquier forma de autoridad.

Cuando vivimos reaccionando a algo, no somos nosotros mismos, y no podemos ser fieles a nosotros mismos.

¿Has dicho alguna vez «no voy a hacer como mi madre, no quiero ser como mi padre o como tal persona...»?

Olivier padecía esclerosis múltiple desde hacía casi diez años. De pequeño quería ser como su padre. Mostraba una gran admiración por él, un exitoso abogado y respetado político. Le encantaba ir al suntuoso despacho de su padre, que era su héroe.

Después, fue testigo de cómo ese poderoso héroe se hundía. No comprendía por qué su padre abandonaba su despacho para pasarse tantas horas en el salón, tumbado en el sofá con la mirada perdida. Supo por su madre que sufría una depresión.

Con el paso del tiempo, asistió impotente al deterioro de su padre y de sus hermosas propiedades. Su madre lo criticaba cada vez más, le llamaba vago y le decía que le abandonaría si no se esforzaba por salir de aquella situación. Olivier se prometió a sí mismo que nunca haría como su padre, que demostraría su valor ante cualquier tipo de situación.

Terminó sus estudios universitarios con unas calificaciones brillantes, y se involucró en unos importantes proyectos que le exigían muchas horas de duro trabajo. Aunque estuviera agotado, se negaba a prestar atención a su fatiga y siempre trabajaba hasta el límite de sus fuerzas. Esto le llevó a desarrollar esclerosis múltiple, pero, incluso con esa enfermedad, se negó a parar y se limitó a recibir los tratamientos que le proponían. Con la evolución de la enfermedad, tenía cada vez más dificultades para caminar. Las piernas le decían: «Ya no queremos seguirte. ¡Para!». Para desoír su sufrimiento y no dejarse ir como creía que había hecho su padre, se había pasado al otro extremo. Si no hubiera llegado a comprender hasta qué punto su forma de actuar era una reacción a lo que su padre había vivido, probablemente habría acabado como él, incapaz de asumir sus responsabilidades. Finalmente entendió que su progenitor no se había hundido en la depresión por cobardía, sino a causa de un fuerte sentimiento de desánimo. Entonces, dejó de reaccionar ante lo que su padre había vivido y decidió darse más tiempo para vivir.

Vivir reaccionando a algo es irse al otro extremo para asegurarnos de que nunca actuaremos como cierta persona que no hemos aceptado o que nunca viviremos una situación que no aceptamos.

¡Soy fiel a mí mismo!

De niña, comparaba a mi madre, que trabajaba fuera, con la madre de mi mejor amiga, que trabajaba en casa. La mía, en comparación con la de mi amiga, me parecía desordenada. Yo no quería parecerme a ella y deseaba sobre todo ser una mujer ordenada, con la casa siempre impecable. ¡La de tiempo que he consagrado a sacar brillo a la casa, cuando habría podido dedicar una parte a relajarme y divertirme!

Cuando vivimos reaccionando a algo, perdemos la oportunidad de estar en equilibrio.

A fuerza de vivir reaccionando a uno de nuestros progenitores, al que no hemos aceptado, terminamos por tener conflictos con nosotros mismos.

La paradoja de los hombres demasiado amables

Veo que mi padre hace sufrir a mi madre. Le detesto por ello, y también detesto mi parte masculina, porque, para mí, ser un hombre equivale a hacer sufrir a las mujeres.
No quiero ser como mi padre. Quiero ser un buen chico, dulce, amable y comprensivo. Por nada del mundo querría hacer sufrir a mamá. Deseo ser un buen hijo, pedirle poco y hacer todo lo posible para que sea feliz.
Pero, con el paso del tiempo, tengo la impresión de que existo sólo para ella, que ella no tiene en cuenta mis necesidades o mis deseos.

Cuando tengo la sensación de haber herido sus sentimientos, me siento culpable. Para no sentir esa culpabilidad, me alejo de ella tanto como puedo.

Después, busco el reconocimiento de otras mujeres. Finalmente encuentro a una que hace latir mi corazón; es algo maravilloso, me siento revivir y estoy dispuesto a hacer todo lo necesario para que esa mujer me ame.

Sin embargo, como no me atrevo a vivir mi parte masculina, porque hacerlo supondría ser como mi padre, a quien no me quiero parecer por nada del mundo, renuncio a afirmarme como hombre. Me niego a mí mismo, paso por alto las actitudes que me molestan de mi pareja y aprieto los dientes. Me siento invadido, asfixiado, poco comprendido en lo referente a mis necesidades por esta mujer a la que amo. Para sobrevivir, aguanto, me cierro en mí mismo y la rehuyo como quería hacer con mi madre. A veces, me siento a punto de explotar. Entonces, reacciono con más intensidad de la que habría querido, le digo cosas hirientes y le grito: «Déjame vivir…», sin detenerme a pensar ni un segundo que soy yo mismo quien me impido vivir. Es entonces cuando me veo actuar del mismo modo que mi padre actuaba con mi madre, y me rechazo a mí mismo de la misma manera que rechazaba a mi padre.

Prisionero de este conflicto, retomo mi postura de sumisión, vuelvo a ella y trato de hacerme perdonar. Le llevo flores, regalos y comienzo de nuevo a ser amable para complacerla.

Ella me perdona y de nuevo tengo la impresión de que soy un buen chico.

Con estas luchas que tienen lugar en mi interior porque no sé cómo reconciliarme con mi lado masculino, tan pronto soy amable como rebelde, y cada vez me siento peor conmigo mismo y en mis relaciones con los demás.

Después, llega un momento en que me harto de ser amable. Estoy cansado de existir para los demás, de que no reconozcan lo que es importante para mí. Estoy harto de que abusen de mi debilidad. Entonces, me vuelvo intransigente, rígido y categórico. Impongo mis puntos de vista y me hago respetar.

¡Soy fiel a mí mismo!

Mi mujer se pregunta qué sucede y dónde está el marido amable que yo era. Como yo me mantengo en mi nueva postura, ella, por su parte, también se cierra y vuelve a cuestionarse nuestra relación. Así que monto en cólera, la rechazo y la detesto. Cuando ella se va porque ya no aguanta mis comportamientos tan extremos, me siento abandonado, rechazado y traicionado. La hago responsable de mi sufrimiento, de haber roto nuestra relación de pareja, y le guardo rencor. La odio y odio a todas las mujeres. Cierro mi corazón y me prometo que no lo volveré a abrir.
Me hundo en una profunda amargura y quiero morir.

Mientras buscamos nuestro equilibrio, es frecuente pasar de un extremo a otro.

Cuando una persona sumisa decide hacerse respetar, trata con frecuencia de imponerse a los demás o dominarlos del mismo modo que ella se ha sentido dominada, lo cual sólo le sirve para crearse serios problemas en sus relaciones.

Muchas mujeres que han desarrollado su lado masculino en detrimento del femenino viven una paradoja similar a la de los hombres demasiado amables. Al haber tenido una madre sumisa o dominada por su padre, se dicen: «Ningún hombre me levantará la mano o me dominará». No quieren depender de ningún hombre en ningún momento, lo cual las motiva para ganarse su autonomía cuanto antes. De ese modo, desarrollan sus cualidades masculinas en detrimento de las femeninas. Aunque esto las ayuda a triunfar en el plano profesional, en el ámbito afectivo supone el fracaso total, porque, al volverse exigentes, rígidas e intolerantes, actúan exactamente como los hombres que han rechazado. Como tienen necesidad de afecto, tratan de obtenerlo mediante juegos de seducción, sexo o estratagemas de niña enferma. Algunas de estas mujeres se quejan de que sus parejas sienten poco deseo sexual hacia ellas, sin darse cuenta de que, al actuar como hombres, su pareja reacciona como una mujer y se siente utilizada como un objeto para su satisfacción sexual.

Estas mujeres se encuentran inevitablemente con sus equivalentes masculinos: hombres que han rechazado su lado masculino, y que les dejan tomar todas las decisiones y asumir todas las responsabilidades. Ciertas parejas se las apañan con esta inversión de polaridades, pero la mayoría de ellas experimentan un profundo malestar. Tal vez la mujer siente que carga con todo el peso del hogar, y el hombre, quizá, carece de autoestima. Con este sentimiento de falta de valía, el hombre tratará de desestabilizar a esta mujer que se siente segura de sí misma, y para ello intentará sembrar la duda en ella o en aquellos que ella aprecia. Ella, por su parte, perderá gradualmente el amor que siente por él.

Otras mujeres viven reaccionando a los comportamientos de su madre. Si la madre dominaba al padre, se prometen no actuar nunca como ella. Entonces, adoptan la posición sumisa del padre y se encuentran con hombres que las quieren dominar, lo que las empujará a actuar como sus madres.

También podemos vivir reaccionando a aquello que nos han dicho. Los dientes de una mujer presentan una inclinación poco favorecedora. Su madre le dice un día: «Con unos dientes así, nunca encontrarás un hombre que quiera casarse contigo». Ella se niega a corregir el problema de su dentadura. Quiere demostrarle a su madre que puede casarse aunque tenga los dientes torcidos. Conoce a un hombre atractivo y se casan. Pero su problema dental la lleva a infravalorarse y a vivir continuamente con miedo a que su marido se enamore de una mujer más guapa que ella.

¡Soy fiel a mí mismo!

Hay personas que pueden pasarse la vida con problemas de obesidad, porque, cuando eran jóvenes, tenían una madre que les decía que tenían que controlarse, que estaban redondas o cosas de ese estilo. Su obesidad puede expresarse como: «Me querrás tal como soy, incluso si estoy gordo».

Otra forma de reacción consiste en querer demostrar a los demás que se han equivocado con nosotros.

Cuando tenía nueve años, Georges se fracturó las dos piernas en un accidente de bicicleta. A causa del largo periodo de hospitalización, cuando regresó a la escuela lo pusieron en el aula para niños con dificultades de aprendizaje. Como en ese nivel no tenía problemas, fue el primero de su clase. Al final del año escolar, todos los padres fueron invitados a asistir a la entrega de notas en la sala principal del colegio. Los alumnos que habían obtenido las mejores calificaciones de su clase recibieron por turno los calurosos aplausos de los asistentes. Pero, cuando llegó el turno de Georges, nadie aplaudió. Entonces, pensó: «Esperad, ¡ya veréis en quién me convertiré algún día! Me vengaré de todos vosotros». Y, durante años, Georges trabajó sin descanso para triunfar. Su motivación era mostrar a todo el mundo de lo que era capaz. Para conseguirlo, sacrificó gran parte de su juventud, y descuidó a su mujer y sus hijos hasta que, al final, se encontró solo, completamente arruinado y con serios problemas cardíacos. Su mujer y sus amigos lo habían abandonado a causa de su loca ambición.

Uno de los pocos amigos que le quedaban se las apañó hábilmente para concertarle un encuentro conmigo, porque, a pesar de su situación, Georges no sabía pedir ayuda. Durante nuestro encuentro, me confió: «Desde que perdí mis empresas, tengo una amante a la que he consagrado más tiempo en tres meses que a mi mujer en diez años. Y, sin embargo, amaba muchísimo a mi mujer».

En realidad, Georges quería terminar con la imagen de discapacitado que tenía de sí mismo. Deseaba mostrar todo lo que era capaz de hacer, pero nadie estaba interesado en sus demostraciones. Todo lo que sus allegados querían era que les dedicase algo de tiempo. Georges comprendió que el precio de su venganza era demasiado alto. Le ayudé a transformar su comprensión sobre aquel acontecimiento que había vivido cuando tenía nueve años. Si nadie le había aplaudido tal vez era porque no sabían que su clase era como las demás.

Georges también comprendió que aquello que los demás pensaban o habían pensado de él no era lo más importante. Lo más importante era lo que él pensaba de sí mismo.

Cuando tenía quince años, viví con mi padrastro una situación semejante a la de Georges. En un momento de exasperación, nos dijo a mi hermana y a mí: «Sois unas fracasadas, jamás haréis nada bueno en la vida». No recuerdo si pensé o le dije: «Algún día, me verás y dirás ¡oh!», en el sentido de que se inclinaría ante mí. Necesité años para comprender lo que mi padrastro había querido decir con esas palabras. A esa edad, a mi hermana y a mí nos gustaba provocar a nuestros profesores. Como no íbamos al mismo colegio, era en casa donde nos reíamos de nuestros problemas escolares. Mi padrastro consideraba que perdíamos el tiempo con esas burlas en lugar de dedicarlo a los estudios. Y tenía razón. Con el paso del tiempo, comprendí el significado de sus palabras. Realmente, quería decir: «Cuando escucho esas bromas sobre vuestros profesores, me doy cuenta de que perdéis el tiempo en el colegio, y tengo miedo de que fracaséis en los estudios y en la vida, y eso no es lo que deseo para vosotras».

¡Soy fiel a mí mismo!

Al igual que Georges, quise demostrarle a mi padrastro todo lo que era capaz de hacer, así que me centré totalmente en mis estudios. Estudiaba incluso los días libres, mientras mi hermana y mis amigas se divertían. Terminé mis estudios y nunca dejé de estudiar. También en mí estaba esa loca ambición de triunfar. Pasé por varios episodios de «agotamiento profesional». Me especialicé en microbiología, me formé como agente de viajes y abrí centros de crecimiento personal...

Joe Dassin, en la canción *Les Jardins du Luxembourg*, dice: «Quería triunfar en la vida, y triunfé en todo, menos en mi vida». Hubo una época en la que yo podría haber cantado esa canción.

Enseñamos mejor aquello que más
necesidad tenemos de aprender.
RICHARD BACH

Esta frase ilustra muy bien la experiencia que viví cuando fundé el Centro de Armonización Interior. Para mí, la armonía equivale al equilibrio. En esa época trabajaba más de cien horas a la semana. Cuando veía a mi marido y a mis hijos sólo podía compartir con ellos mi cansancio. Y pagué el precio que pagan todos los que tientan demasiado a la suerte. ¿Estaba en armonía o en equilibrio? Al igual que Georges, tuve que encontrarme al borde del fracaso para darme cuenta de que no hacía todo aquello para mí, sino para ganarme el aprecio de mi madre y mi padrastro.

Cuando visitaba a mi madre y ella me preguntaba cómo iba el centro y si me compensaba económicamente (para ella, dinero equivalía a éxito), yo montaba en cólera. Porque, bajo sus palabras, escuchaba las de mi padrastro, a pesar de que ya había fallecido. Luchaba con esa imagen de fracasada (enterrada en mi memoria emocional) y mi deseo de demostrar que era falsa. Esa imagen, amplificada por la culpabilidad de haber recibido más que los demás, pudo conmigo y me llevó a tener que abandonar el centro en el que había invertido todo mi patrimonio y todo mi ser.

Por un lado, fui testigo de las muchas maravillosas transformaciones de los alumnos del centro, quienes me ofrecieron toda su confianza, pero, por el otro, como económicamente tenía dificultades, creía que no me iba demasiado bien. Y cuando me vi enfrentada a graves problemas económicos, sentí que había fracasado, y esa sensación me llevaba de nuevo a las palabras de mi padrastro, como si en mi interior pudiera escuchar cómo me decía: «Ya ves que las cosas no te van bien, ya ves que tenía razón cuando te decía que no harías nada bueno en la vida». Entonces, me infravaloraba a mí misma completamente.

Por fortuna, pude escuchar la voz de mi maestro interior, que me hizo comprender que tenía que dejarlo todo y marcharme. Así que me fui durante tres meses al extranjero. Ese viaje ha sido de los más saludables que he hecho en mi vida. Me permitió recapacitar sobre mi existencia y escuchar lo que sucedía en mi interior. Descubrí que cuanto más me escuchaba a mí misma, más comprendía lo que las diferentes experiencias de mi vida tenían que enseñarme. Ese viaje me llevó al corazón de la soledad y el desapego. Durante mi periplo, aprendí a ser feliz con muy poco, a apreciar todo lo que recibía y había recibido. Aprendí a bendecir, a creer y a agradecerle a la vida todo lo que me ofrecía: el alojamiento que tenía, la cama donde dormía, el agua, la salud, mis hijos, mi pareja, mis amigos, etc.

Tras regresar de ese viaje, ya no deseaba demostrarle nada a nadie. Hacía lo que me apetecía hacer, aquello que me aportaba alegría y satisfacción personal, aunque fuera la única en saberlo. Que los demás supieran o vieran lo que hacía ya no era importante, y así, al renunciar a querer SER algo, LLEGUÉ A SER.

Si corres detrás de tu sombra, ésta siempre estará delante de ti; pero si caminas bajo la luz y te das la vuelta lentamente, verás que la sombra te sigue.

(PROVERBIO HINDÚ)

Mientras queramos demostrar a los demás nuestra valía, no podremos creer en nosotros mismos.

Podemos vivir reaccionando a una decisión que han tomado por nosotros

La madre de Viviane estaba encantada con el hombre que salía con su hija. Consideraba que era el partido ideal para ella, aunque la joven no se sentía preparada para el matrimonio; quería viajar y vivir su vida. Pero su madre, por temor a que dejara pasar un partido tan bueno, la empujó a aceptar la proposición de matrimonio que el hombre le hizo. Además, también se encargó de la boda, tanto de las invitaciones como de la organización de los preparativos.

Viviane comenzó a sentir inmediatamente que esa boda respondía más a las aspiraciones de su madre que a las suyas y pensó: «Elegiste al hombre con el que yo tengo que casarme y decidiste la organización de mi boda, pero lo vas a lamentar, porque nunca seré feliz con ese hombre».

Gérard, el marido de Viviane, hizo todo lo que estaba en sus manos para hacerla feliz, pero ella se cerraba al amor que le ofrecía. Harto de todos sus esfuerzos por tener una hermosa relación con su mujer, le pidió el divorcio. Fue entonces cuando Viviane se dio cuenta de que amaba a Gérard y que no quería divorciarse. Pero como Gérard había madurado su decisión durante mucho tiempo, volver atrás le resultaba inconcebible. Viviane se sumió en la tristeza, la cual la llevó a comenzar una terapia. Tomó conciencia de cómo esa reacción a su madre le había impedido abrir su corazón a aquel hombre con quien habría podido ser feliz.

Louis también vivía reaccionando a su madre

Cada vez que Louis les presentaba una joven a sus padres, tenía que escuchar los comentarios de su madre. Cuando le presentó a Christine, su madre la denigró tanto que Louis decidió casarse con ella. No lo hizo por amor, sino para llevarle la contraria a su madre. Fue su manera de decirle: «Tú no decidirás mi vida». Louis no era feliz con Christine, pero no se decidía a dejarla, porque hacerlo era como darle la razón a su madre.

Al igual que Louis, a veces tratamos de tener razón ante algún ser querido que nos ha dicho que tal persona no era para nosotros, y queremos demostrarle que se ha equivocado.

A comienzos de 1991, empecé una relación de pareja con la que me sentía muy ilusionada. Durante una exposición de medicinas alternativas, vi a un vidente que anteriormente me había hecho varias predicciones muy precisas. En esa ocasión, me dijo que iba a vivir una apasionada relación amorosa que muy pocas personas en la tierra pueden llegar a experimentar. Y añadió: «Me gustaría ser ese hombre con el que vivirás ese gran amor». Quise saber si a través de las líneas de la mano también podía ver esa gran relación. Le mostré la mano, pero como la luz y el lugar no eran los más apropiados para una lectura de manos, me propuso que nos encontráramos en su casa durante mi próximo viaje a Montreal. Me organicé para ir a verle. Una vez allí, me confirmó lo que ya me había dicho sobre aquel asunto sin que yo se lo hubiera recordado. Yo deseaba saber si mi nuevo compañero era el mismo que aquel con el que viviría esa gran historia de amor. Miró detenidamente las líneas de mi mano y me respondió: «No, no es él». Y añadió: «La relación que tienes ahora no durará más de tres años». Me quedé más que sorprendida. Al verme tan escéptica, tomó su péndulo, que confirmó lo que había visto. Como seguía sin creerlo y además pensaba que él podía orientar el péndulo a su antojo, me propuso consultarlo con las cartas del Oráculo de Belline. La respuesta fue la misma, y añadió que nunca se había equivocado. Salí de aquel encuentro totalmente desconcertada. Hablé de ello con mi nuevo compañero, que me respondió que no debía dejarme influir por quienes él llamaba futurólogos. Me negué a creer lo que el vidente me había dicho. Y lo que es más, quise demostrarle que se había equivocado.

Cuando queremos demostrarles a los demás que no tienen razón o que se equivocan en lo que han dicho, nos esforzamos tanto que, cuando ya no tenemos fuerzas para continuar, terminamos por renunciar, con lo que acabamos dándoles la razón.

Cada vez que teníamos problemas, pensaba en lo que me había dicho el vidente, y me llenaba de fuerzas para salvar la relación y no acabar dándole la razón. Creía que una vez hubiéramos pasado tres años juntos, habría ganado la partida. Sin embargo, incluso después de esos tres años, quise seguir teniendo la razón. Al cabo de doce años de vida en común, llegué a la conclusión de que había hecho todo lo posible por hacer feliz a mi marido, al igual que sabía que él, por su parte, también había hecho todo lo posible por hacerme feliz, pero que éramos demasiado diferentes como para ser dichosos juntos. En aquellos momentos de reflexión pensaba que tal vez luchaba por hacer avanzar una embarcación que hacía aguas mientras un hermoso navío me esperaba en otra parte. Nuestra embarcación terminó por hundirse, y la abandonamos para emprender rumbos diferentes.

Con la distancia, me di cuenta de que, al esforzarme tanto para que el vidente estuviera equivocado, di fuerza a lo que me había dicho y terminé por darle la razón.

Después de esa experiencia, jamás he vuelto a querer conocer mi futuro a través de un vidente, porque soy muy consciente de que pueden crear en nosotros dudas y temores, los cuales, si los mantenemos, tarde o temprano terminarán por materializarse. También sé que querer demostrar a los demás que se han equivocado en lo que nos dijeron nos sitúa en una posición contradictoria con respecto a nosotros mismos.

No lamento haber tenido esa relación de pareja, incluso la bendigo, porque me permitió elevar mi nivel de amor y sanar ciertas heridas del pasado para poder ser yo misma en lugar de tratar de ser lo que creía que los demás esperaban de mí.

Además, en la actualidad, sé que el gran amor que el vidente vio en las líneas de mi mano no era un amor limitado a una relación de pareja, sino que se trataba de un amor mucho más grande.

Y tú, ¿eres fiel a ti mismo?

- ¿Vives reaccionando a uno de tus seres queridos?
- ¿Qué te ha llevado a vivir reaccionando?
- ¿Cómo podrías dejar de hacerlo?
- ¿Tratas de demostrar a los demás todo lo que eres capaz de hacer o que están equivocados en algo que te dijeron?
- ¿Actúas en función de lo que los demás pueden pensar o decir de ti?

- ¿Actúas en función de lo que otras personas esperan de ti?
- ¿Actúas para complacer a los demás o ganar su amor, o por amor a ti mismo?
- ¿Basas tus elecciones en el miedo o en la confianza?

¿Cómo ser y permanecer fiel a uno mismo?

Deja de esperar la aprobación o el reconocimiento de los demás

Querer ser lo que creemos que los demás esperan de nosotros nos impide que seamos nosotros mismos. Liberarse de la continua necesidad de obtener la aprobación de los demás nos permite expresar mejor lo que verdaderamente somos. Cuando queremos complacer a todo el mundo, renunciamos a nosotros mismos. Esa necesidad de agradar y recibir la aprobación de otros tiene su origen en la infancia, durante la cual recibir la aprobación equivale a ser amado o a ser adecuado.

Philippe tiene un padre exigente

Philippe es el hijo mayor. Su padre, un buen hombre de cara a la sociedad, alimenta grandes ambiciones con respecto a su primogénito. Cada vez que Philippe le lleva la cartilla de calificaciones, éstas nunca son lo suficientemente buenas para su padre. Si tiene un notable, su padre le dice: «Podrías haber sacado un sobresaliente». Philippe redobla sus esfuerzos, pero cada vez es lo mismo. Si no obtiene un diez en todo, sus notas no son lo suficientemente buenas. Entonces, se desmorona y piensa: «Jamás lograré complacer a quienes amo; no soy lo suficientemente bueno. Mi padre se merece un hijo mejor que yo». Y ésta es la imagen que Philippe tiene de sí mismo: la de quien no está a la altura de lo que los demás esperan de él. Con el paso del tiempo, antes de revivir ese sentimiento de inferioridad que experimentó con su padre, prefiere no emprender nada. A pesar de sus muchas posibilidades, decide optar por un trabajo rutinario en el que no tiene que tomar decisiones. Pero, al mismo tiempo, experimenta un profundo sentimiento de fracaso y falta de valía.

Philippe pudo recuperar su autoestima cuando comprendió que fue únicamente por amor por lo que su padre había deseado que fuera perfecto. ¿Le habría pedido un 100% si hubiera pensado que sólo podía dar un 70%?

Aline lo tiene todo para triunfar

Aline iba muy bien en la escuela. Siempre estaba entre los primeros de su clase. Cada vez que le mostraba sus notas a su madre, ésta le repetía: «Tú puedes hacerlo mejor». Aline se esforzó por mejorar, pero su madre parecía no darse cuenta de ello. Entonces, se desanimó, perdió la confianza en sí misma y pensó: «¿Para qué voy a esforzarme si ella ni siquiera lo advierte?». Una vez que hubo terminado la secundaria, su padre le pidió que renunciara a su proyecto de cursar estudios superiores para que pudiera hacerlo su hermano, alegando que ella no necesitaba ese tipo de formación para criar a sus hijos, pues daba por sentado que sería su marido quien se encargaría de mantenerla.

Durante gran parte de su vida, Aline se decía a sí misma: «Puedo hacerlo mejor», pero no emprendía nada si no tenía el apoyo de alguien, o bien se desanimaba si no la felicitaban por sus esfuerzos y trabajo. Estaba llena de posibilidades, pero se contentó con un empleo muy por debajo de su capacidad intelectual.

¿Cómo pudo superar esto? Logró superarlo cuando admitió que siempre había esperado el apoyo o la aprobación de los demás para hacer cualquier cosa, emprender un proyecto por sí sola o enfrentarse a lo desconocido. Al igual que Philippe, tuvo que liberarse de su necesidad de recibir aprobación y aprecio por todo aquello que emprendía. Al asumir riesgos calculados y probar nuevas experiencias, logró tomar las riendas de su vida y dejó de tener expectativas con respecto a su entorno.

Haz tu propia evaluación

Pregúntate: «¿Estoy satisfecho con lo que hago?», «¿Lo he hecho lo mejor que he podido?», «¿Podría hacerlo mejor la próxima vez?».

El hecho de evaluarse no excluye tener en cuenta la opinión de los demás, pero hazlo únicamente si eso te puede ayudar. Y, sobre todo, no la tengas en cuenta si sientes que ésta te desanima o te hace dudar de ti.

Aprende a felicitarte en lugar de esperar las felicitaciones de los demás

Cada vez que consideres que has tenido una buena idea o has hecho algo bien, no dudes en decirte: «Me felicito». Por ejemplo: «Me felicito por haber pensado que...», «Me felicito por haberme atrevido a...», «Me felicito por haberme respetado», «Me felicito por haber escuchado mi intuición...», « Me felicito por haber desoído el miedo a...», etc.

Aprende a poner límites

Aprende a decirte tranquilamente: «Eso no me conviene», «No estoy de acuerdo», «Si deseo respetarme tengo que...» o «He decidido ser fiel a mí mismo».

Libérate de las opiniones de los demás

En 1998, antes de emprender mi viaje hacia nuevos horizontes, fui a ver a mi madre para contarle que estaba a punto de cerrar el centro de crecimiento personal que había creado dos años antes y me iba a Findhorn, en Escocia. Mi madre me dijo: «Pobre hija mía, ¡verdaderamente no tienes suerte! Todo aquello que emprendes jamás funciona. Montaste una pescadería y perdiste todo lo que habías invertido en ella. Tenías un buen trabajo en el campo de la microbiología médica, con un buen salario, y lo dejaste. Abriste una filial de tu centro de crecimiento personal, y te marchaste. Y ahora estás al borde del fracaso con tu centro de Montreal... No, verdaderamente, no tienes ninguna suerte».

En 1999 se publicó mi primer libro y mi madre asistió a la presentación. Para esa ocasión, conté una historia sacada de unos dibujos animados que había visto en la televisión hacía algunos años. Una mamá pájaro, cuyas crías ya habían abandonado el nido, estaba preocupada porque la más pequeña tardaba en comenzar a volar. Ella le insistió para que lo hiciera. Cuando se hizo de noche, todos los polluelos regresaron, excepto el más pequeño. La mamá pájaro se puso a llorar, pues pensaba que tendría que haberlo dejado estar a su lado. El pequeño polluelo regresó muy tarde por la noche, pero su madre no le confesó lo preocupada que se había sentido. En lugar de eso, le preguntó: «¿Por qué llegas tan tarde? ¿Por qué no has traído una hierba o un pequeño gusano como han hecho tus hermanos? ¿Por qué vienes con las manos vacías?». El polluelo miró a su madre y con una sonrisa le dijo: «¡Yo no diría eso!». Sobre su lomo llevaba la cola de un dinosaurio.

Tras la salida de mi primer libro, he conocido muchos éxitos. En aquella ocasión, mi madre me dijo: «Tú tienes mucha suerte en la vida... No como tu pobre hermano, que no tiene tanta suerte como tú...».

Un día no tenía suerte, y al otro tenía demasiada en comparación con mis hermanos. Si hubiera querido complacer a mi madre, todavía trabajaría en microbiología médica y seguiría al lado de mi primer marido. Si así fuera, yo sería para ella una persona estable, en lugar de inestable. Pero estoy contenta de haber decidido mi vida, y si tuviera que volver a hacerlo, empezaría de nuevo, porque siempre he tenido el gran privilegio de amar mi trabajo y vivir a mi manera.

Las personas de la generación de mi madre que han conocido la guerra han vivido siempre con miedo a la escasez, y eso les hace preferir la seguridad a lo desconocido. Pero no por ello mi madre ha dejado de ser una mujer de gran corazón que siempre se ha enorgullecido de todo lo que he logrado, aunque a veces no comprendiera lo que me motivaba en mi búsqueda de la autenticidad.

Busca personas que puedan apoyarte en tus elecciones

Cuando queremos divorciarnos o descubrimos que padecemos una enfermedad grave, no siempre es fácil enfrentarse a las opiniones o los miedos de nuestros seres queridos.

Marguerite padece cáncer de mama. Su médico le recomienda extirpar el seno y recibir sesiones de quimioterapia. Ella quisiera darse un tiempo y probar con un enfoque alternativo. «¿No existirá algún método menos radical?», se pregunta. En su interior, siente que no debe apresurarse con la cirugía; sin embargo, sus allegados le dicen: «Pero ¿no te das cuenta? ¡Estás jugando con tu vida! ¡Corres un riesgo muy grande! ¡Al menos hazlo por nosotros!».

A veces es muy difícil resistirse a la presión de nuestros seres queridos. Por esa razón, puede resultar beneficioso buscar personas de confianza que puedan apoyarnos y animarnos en las elecciones que nos parezcan más adecuadas. Puede ser un amigo, un médico o cualquier persona que haya vivido una situación semejante a la nuestra. Si existe una situación en la que es verdaderamente importante ser fiel a uno mismo es cuando está en juego nuestra salud, nuestro bienestar y nuestra vida.

Aprende a preguntarte ¿qué es lo que quiero?

Pregúntate qué decidirías si todas las situaciones fueran perfectas: ¿estarías con la misma pareja?, ¿vivirías en el mismo lugar?, ¿harías el mismo trabajo?, ¿tendrías la misma vida que tienes?, ¿qué hace que sigas con esa persona o en ese trabajo?, ¿qué te impide encaminarte hacia aquello que aspiras?

Siempre que respetamos nuestros deseos, necesidades y aspiraciones, somos fieles a nosotros mismos. Pero dejamos de serlo cuando caemos continuamente en compromisos para responder a las expectativas de los demás o para agradarlos, y nos olvidamos de nosotros.

Cuando renunciamos a nosotros mismos por miedo a perder al otro, nos vemos llevados a querer cambiarlo para que se convierta en lo que queremos. Entonces, podemos tener el sentimiento de cargar con el otro como si fuera una cruz.

Si, por ejemplo, un miembro de la pareja es sedentario y le gusta estar en casa, mientras que el otro sueña con viajes y nuevas experiencias, al principio, el sedentario tratará de seguir a su pareja o lo dejará libre para que viva sus experiencias, pero este último tendrá el sentimiento de estar solo o de no tener un compañero con quien compartir sus descubrimientos y pasiones. También insistirá al otro para que le acompañe en sus viajes o le siga en sus experiencias vitales. O bien se reprimirá a la hora de emprender el vuelo para quedarse con su compañero. Por su parte, el sedentario se sentirá siempre obligado a acompañar al otro y no se verá comprendido ni respetado con respecto a sus necesidades.

Un pez y un pájaro pueden amarse mucho, pero ¿dónde vivirán?

¡Soy fiel a mí mismo!

Amar al otro en detrimento del respeto hacia uno mismo no es amor, sino dependencia.

Cuanto más fiel a ti mismo seas, más te convertirás en una fuente de inspiración para tu entorno. Puedes tomar a alguien como ejemplo durante cierto tiempo, si eso te motiva para superarte. Pero ten cuidado con la trampa de la idolatría, porque cuando pones a alguien sobre un pedestal, tú siempre estarás debajo y eso limitará tu propia expresión.

Desear ser diferente, actuar en función de lo que crees que esperan de ti o intentar ser como otra persona es empobrecerse y privar a quienes te rodean de tu verdadero valor: tú mismo.

Actúa en lugar de vivir reaccionando

Tanto la emoción como el juicio nacido de la incomprensión pueden habernos llevado a vivir reaccionando.

Cuando Olivier supo qué era lo que había llevado a su padre a ese profundo sentimiento de desánimo que originó su depresión, pudo comprenderlo mejor y ver también su lado bueno. Eso le permitió dejar de ir al otro extremo para tratar de no parecerse a él.

Cuando acepté que mi prioridad podía ser otra que tener la casa siempre impecable, dejé de tener problemas para permitirme ser como mi madre, es decir, para encargarme de la casa cuando tengo tiempo o cuando ya estoy harta de verla desordenada.

Cuando vi todos los bellos aspectos de la feminidad, dejé de vivir reaccionando a la mujer que hay en mí.

Cuando un hombre que ha rechazado a su padre porque era dominante o severo comprende que éste actuaba así por miedo a que sus hijos le perdieran el respeto o se escaparan a su control, deja de vivir reaccionando y puede reconocer las cualidades masculinas de la voluntad, la acción, el poder de decisión, la audacia, la fuerza, el valor y muchas otras.

Cuando comprendí lo que mi padrastro quería decir verdaderamente cuando nos soltó: «Sois unas fracasadas, nunca haréis nada bueno en la vida», dejé de vivir reaccionando a esas palabras.

Cuando la mujer con los dientes torcidos comprendió que su madre sólo deseaba su felicidad, dejó de vivir reaccionando a su madre y aceptó hacerse un tratamiento para corregir su problema dental. La mejora en su aspecto físico la ayudó a tener más confianza en sí misma.

Cuando decidí observar la situación en la que se encontraba mi relación de pareja, en lugar de querer demostrarle al vidente que yo tenía la razón, dejé de vivir reaccionando a lo que él me había dicho y fui yo misma.

Cuando ya no tememos parecernos a las personas que hemos rechazado, sabemos que ya no vivimos reaccionando a ellas, y, por lo tanto, nos reconciliamos con una parte de nosotros mismos y estamos en paz.

Ser fiel a uno mismo es
ser uno mismo,
darse el derecho de vivir como se desea,
salir de la jaula de los miedos para emprender el vuelo,
encontrar la paz en uno mismo,
seguir el camino que más nos inspira,
elegir vivir en lugar de sobrevivir.

4

Descubro la existencia de la memoria emocional

El sufrimiento es un corrector que arroja luz sobre la lección que no comprenderíamos a través de otros medios y que no puede pasarse por alto hasta que se haya aprendido.

DR. EDWARD BACH

Al comienzo de mi camino de descubrimiento personal, solía preguntarme: ¿por qué algunas personas parecen estar predestinadas a la felicidad, mientras que otras parecen estar condenadas a la enfermedad, al fracaso y a la desdicha? ¿Es por el destino? ¿Por el karma? ¿Por qué nacemos en una familia y no en otra? ¿Por qué cuando deseo que un hombre me quiera, éste se aleja de mí, mientras que aquellos a los que les gusto no me interesan en lo más mínimo? ¿Por qué cada vez que soy feliz, al poco tiempo, me acontece algo triste, de una intensidad equivalente a la felicidad anterior, que me hace sentirme fracasada?

Un día, pensé: «¡Seguramente he decidido que no me merezco ser feliz!». Pero ¿cuándo y por qué? ¿Dónde encontrar respuestas a esto? Tuve que pasar por varias escuelas de pensamiento antes de descubrir que nuestros sufrimientos tienen sus raíces en nuestra memoria emocional.

¿Qué es la memoria emocional?

La memoria emocional atañe a una zona del cerebro que recibe el nombre de cerebro o sistema límbico. Se trata de una cubierta sinuosa que se encarga de la memorización de los sucesos y las emociones.

Tomemos el siguiente ejemplo: un niño de cinco años está de vacaciones cerca del mar con su padre. El pequeño juega en la arena, cuando, de repente, su padre le grita mientras nada rápidamente de espaldas: « Papá se va a casa». El niño, presa del pánico, se pone a llorar. El padre vuelve a la playa y, tras darle un cachete a su hijo, le dice «¿Cómo puedes ser tan tonto como para llorar así?», sin explicarle por qué es una tontería llorar en esa situación.

Ese suceso quedará grabado en la memoria emocional del niño, puesto que lo ha vivido con cierta intensidad. Las palabras del padre también quedarán grabadas como en una ecuación: llorar equivale a ser idiota. ¿Qué sucederá a continuación en la vida de este niño? Podrá tener mucho miedo al abandono, pero no lo expresará. Además, es muy probable que ya no se atreva a volver a llorar.

Imaginemos ahora la misma situación, pero, esta vez, cuando el padre regresa a la playa, toma al niño en sus brazos y le dice: «Oh, pequeño, ¡te asustaste! Papá quería hacerte una broma. Papá no se iba a ir sin ti, jamás lo haría. ¿Te acuerdas de que tuvimos que coger un avión para venir hasta aquí? Los aviones van muy rápido, papá nunca podría ir a casa a nado. Sólo fue una broma. Ven, vamos a jugar ahora». ¿Qué ocurriría esta vez en la vida del niño? Habrá comprendido que está bien tener miedo y expresar las emociones. Y la ecuación que resultaría de esto podría ser: expresar las emociones equivale a ser comprendido. Ese niño, más adelante, no tendrá miedo a manifestar sus emociones.

Todas las experiencias que tienen un tinte emocional se hallan en la memoria de esa zona del cerebro llamada cerebro límbico, que memoriza y organiza las experiencias de la siguiente forma: ésta hay que repetirla, esta otra hay que evitarla.

Cuando una persona se encuentra en una situación similar a otra que ha sido memorizada anteriormente como situación que se ha de evitar, el sistema inhibidor de la acción se activará. Ese sistema nos paraliza, nos bloquea y nos impide actuar.

La mayoría de nuestros miedos están vinculados a ese sistema inhibidor de la acción.

Si hemos tenido mucho miedo de ahogarnos o hemos sido testigos de un ahogamiento, podremos haber memorizado la ecuación *agua igual a peligro de ahogamiento*, que mantendrá nuestro miedo al agua y nos hará sentir pánico cuando no hagamos pie.

Toda experiencia pasada que ha sido memorizada como *desagradable o que conduce al fracaso* activará en nosotros ese *sistema inhibidor de la acción.* Y siempre tendremos miedo de revivir esas experiencias desagradables. Para protegernos, desarrollamos una multitud de mecanismos de protección como huir, encerrarnos en nosotros mismos, resistir, mentir, manipular, usar el caparazón protector y muchos más.

Y, por el contrario, la experiencia memorizada como *renovable* activará el *sistema motivador de la acción.*

¿Quién no conoce la expresión «gato escaldado del agua fría huye»? ¿Por qué el gato teme al agua fría? Porque en su memoria emocional está la imagen: agua igual a peligro, quemadura.

Cuando sobre el gato caen algunas gotas inofensivas de agua, éstas le recordarán el suceso en el que se quemó con agua hirviendo. Su reacción, cuando le ocurrió eso, fue la huida. Para el gato, huir fue beneficioso, porque así se protegió. De ese modo, memorizó la huida como algo que debía repetir. Esto explica que cuando le caen unas gotas inofensivas de agua, se active su sistema motivador de la acción, el cual trabaja en estrecha relación con el sistema endocrino. Este último liberará adrenalina en la sangre del gato, con la que obtendrá energía extra para escapar.

Si, por el contrario, un día de lluvia llega empapado y su dueña lo acaricia más de lo habitual porque se olvidó de meterlo dentro de la casa, la ecuación podría ser: estar empapado equivale a recibir afecto. Es muy probable que, ahora, nuestro gato busque ocasiones para volver empapado a casa.

Es importante saber que el papel del cerebro límbico se limita a la *selección* y a la *memorización* (sucesos, emociones), que no reflexiona ni analiza, y se contenta con hacernos reaccionar cuando nos vemos confrontados a una situación agradable o desagradable. Sin embargo, a veces, también nos lleva a repetir acciones que no son beneficiosas para nosotros, o nos bloquea frente a situaciones que nos resultarían favorables.

Aquí tenemos un ejemplo: Marcel tiene veinte años. Trabaja como vendedor y acaricia el sueño de casarse con Lucie, con quien sale desde hace ya dos años. Cuando los padres de Lucie se dan cuenta de que la relación de su hija con Marcel va cada vez más en serio, la presionan para que ponga fin a ésta. Ella, para no tener más conflictos con sus padres, termina por romper con su novio.

Marcel se siente profundamente triste. Seis meses después, descubre que Lucie se ha comprometido con un hombre cuyo padre es muy rico.

¿Qué registrará Marcel en su memoria emocional? Tras su ruptura con la mujer que ama, puede haber grabado: amar es lo mismo que sufrir. ¿Qué conclusión sacará al descubrir que Lucie está prometida a un joven con un padre muy rico? Pensará que si hubiera sido rico, habría podido casarse con ella, pero, como no lo era, sus padres no lo consideraron un buen partido para su hija.

De esas experiencias, podrán resultar las siguientes conclusiones: amar es igual a sufrir; ser rico es igual a ser amado. Si Marcel hubiera sido rico, la familia de Lucie probablemente le habría apreciado y él habría podido vivir su amor con ella.

A partir de esas ecuaciones, ¿amar será algo para repetir o para evitar? Evidentemente, será una experiencia que hay que evitar para no revivir el sufrimiento.

Y ser rico, ¿será algo que habrá de evitar o que se deberá buscar en el caso de Marcel? Como es lógico, será algo que tendrá que buscar y repetir enseguida, porque ha llegado a la conclusión de que, para tener amor, hace falta ser rico.

¿Qué sucederá a partir de entonces en la vida de Marcel? Muy sencillo: trabajará sin descanso, motivado por su deseo de ser cada vez más rico para que lo amen. Ganará mucho dinero, pero, a los cincuenta y cuatro años, me confesará durante la terapia que sólo los ricos saben que el dinero no da la felicidad. Marcel no comprende por qué tantas mujeres se han enamorado de él, pero todavía no ha encontrado la que haga latir su corazón. Ni siquiera la mujer con la que se ha casado hace más de veinte años.

Marcel ignoraba que, cuando tenía veinte años, había cerrado su corazón para no sufrir. Desconocía la existencia de la memoria emocional; sin embargo, su vida está relacionada con lo que entonces memorizó.

Marcel no sabía que su sistema inhibidor de la acción lo llevaba a actuar de una determinada manera para impedir que el amor entre él y una mujer pudiera crecer. De esa forma, cada vez que comenzaba a experimentar un sentimiento amoroso hacia una mujer, inconscientemente creaba un conflicto para poner fin a la relación. Si llevaba tantos años casado era únicamente porque su mujer había aprendido, con el paso del tiempo, a no esperar nada de él en el plano afectivo.

Marcel también ignoraba que su sistema motivador de la acción le empujaba a querer ganar cada vez más dinero.

Aquí vemos que lo que había grabado, lo cual motivaba sus acciones, no le resultaba beneficioso, puesto que no le hacía feliz, y aquello que lo protegía de sufrir (su sistema inhibidor de la acción) tampoco le era favorable, pues le impedía abrir su corazón al amor.

De ahí la importancia de descubrir qué hemos podido registrar en nuestra memoria emocional para estar en condiciones de transformar nuestras ecuaciones, a fin de que nuestro sistema motivador de la acción nos empuje a realizar acciones que nos resulten favorables, y que nuestro sistema inhibidor de la acción deje de bloquear acciones que nos resultarían beneficiosas.

Nada en nuestro inconsciente es inservible, sólo hay que reordenarlo y transmutarlo.
CARL GUSTAV JUNG

Marie y los hombres violentos

El padre de Marie apenas se comunica con ella. Sus negocios ocupan la mayoría de su tiempo. Cuando está en casa no se puede hacer ruido porque se siente cansado y de mal humor.

El único momento en que presta atención a Marie es cuando le da una bofetada o le regaña. Después, él se avergüenza de haberle pegado y para reparar lo que ha hecho le regala algo para agradarla. Marie, en su memoria emocional, registra dos ecuaciones relacionadas con la experiencia que vive con su padre. La primera es: ser ignorada equivale a sufrir. La segunda: paliza o reprimenda significa que dejan de ignorarte y, después, se muestran amables contigo. Marie atrae a un compañero sentimental poco comunicativo. A ella le duele su falta de comunicación, porque le parece una muestra de indiferencia. Inconscientemente, para terminar con lo que ella experimenta como indiferencia, irrita todo lo que puede a su marido hasta que éste termina por salirse de sus casillas y golpearla. Después, él se avergüenza de lo que ha hecho, le pide perdón y se muestra más abierto y comunicativo con ella. De esa forma, revive con esta relación lo que experimentó con su padre.

El sentimiento de rechazo

¡Son muchas las personas que se sienten rechazadas! Este sentimiento se experimenta cuando no nos hemos liberado de una o dos emociones determinadas. A veces, como adultos, esas emociones nos parecen ridículas, pero en nuestra infancia pudieron suscitar en nosotros un gran temor o sufrimiento. Pensemos en el hombre del saco, a quien tanto temíamos y que ahora sólo nos hace reír. Si pudiéramos reírnos así de cada una de nuestras emociones pasadas, nos liberaríamos más fácilmente de ellas. Pero ¿cómo reírnos de las palizas, abusos y acusaciones injustas que hemos recibido? Y si, además, hemos mantenido el resentimiento o el odio, distará mucho de ser divertido.

Bernadette se siente de más

Bernadette tiene cincuenta y ocho años. Desde siempre ha experimentado un sentimiento de rechazo sin saber verdaderamente la razón de éste. Durante toda su vida, ha tratado de agradar a todo el mundo y se ha quedado siempre en un segundo plano con el sentimiento de estar de más.

Durante una sesión de relajación profunda, se vio a sí misma, cuando tenía un año y medio, cerca de un río con sus padres y hermanos. Su padre la tomó en brazos y, dirigiéndose a su madre, dijo: «¿Qué hacemos con ella? ¿No crees que ya tenemos bastantes? ¿Y si la tiramos al río». Y con un movimiento fingido, hizo como que iba a lanzarla al agua.

El padre de Bernadette, con esas palabras, sólo pretendía hacer una broma. Pero ella, como niña que todavía creía en Papá Noel, no podía distinguir entre una broma y la realidad. Para la pequeña aquello era real. Lo había interpretado como que su padre no la quería, que sobraba. A partir de entonces, en diferentes situaciones de la vida, tiende a pensar que los demás no la quieren, de modo que se aísla.

¿Cómo puede liberarse de su sentimiento de rechazo? Lo veremos en el siguiente capítulo, que lleva por título «Cambio la película de mi vida».

Sylvie rechaza su feminidad

Sylvie tiene una apariencia masculina. Lleva el cabello muy corto y padece acné. Jamás usa vestidos, y asegura detestarlos. Es una persona solitaria y con frecuencia la comparan con una tigresa. De hecho, está convencida de que nadie la quiere, que nadie la acepta. Sus únicas amigas son las de su hermana. No es una persona accesible, y sin embargo, cuando ama a alguien, su amor es total y posesivo. En esas relaciones asfixiantes, el otro termina siempre por marcharse, y Sylvie, que se siente rechazada, alza cada vez más las barreras que la separan de los demás. ¿Qué explica el hecho de que Sylvie experimente constantemente el rechazo de quienes ama? Cuando su madre estaba embarazada de ella, ya tenía una hija y deseaba ardientemente darle a su marido un hijo que llevara su nombre. Con su nacimiento, su madre se llevó una gran desilusión por no haber podido satisfacer el deseo de su marido. Sylvie llegó a la conclusión: «No quieren nada de mí; ellos querían un niño». Este sentimiento de ser rechazada, como elemento femenino, la llevó a repudiar su aspecto femenino y a albergar la esperanza de que podría ser amada si se comportaba como un chico.

Mi propia película bajo la influencia del fracaso

Mi vida estuvo constituida por una larga serie de rechazos hasta que logré transformar lo que había registrado en mi memoria emocional. Al principio de este capítulo, mencioné que me preguntaba por qué, cuando deseaba que me amase un hombre, éste me evitaba y me dejaba con el sentimiento de haber sido rechazada. La respuesta se hallaba inscrita en mi memoria emocional.

Cuando mi madre todavía me llevaba en su vientre, mi padre le decía: «Voy a matar en una esquina de la casa a ese becerro que va a nacer». Como su violencia aumentó con el paso de los meses, mi madre tuvo que abandonarle antes de mi nacimiento para garantizarse su supervivencia y la mía.

A raíz de las emociones que mi madre y yo experimentamos, comprendí que mi padre no quería saber nada de mí, y de ahí surgió el sentimiento de rechazo. De ese modo, traté de conquistar el amor de hombres que no deseaban comprometerse conmigo. Inconscientemente, me convencí de que si lograba que me amase un hombre así, eso sería como ser amada por mi padre. Necesité muchos años para poder renunciar a esa ilusión. Además, como mi padre representaba la autoridad (mediante su violencia), yo rechazaba todas las formas de autoridad (profesores, jefes) e, incluso, la mía propia. Por nada del mundo habría querido ser una figura de autoridad. ¡Qué extraña ambivalencia! No aceptaba que me mandaran ni quería mandar sobre los demás. El único compromiso que me satisfacía era ser la adjunta o mano derecha del jefe. De ese modo, podía hablarle casi de igual a igual, pero no me arriesgaba a sufrir el rechazo al que a veces se expone quien toma las decisiones.

Casi no hace falta decir que huía de los hombres demasiado YANG (aspecto masculino: acción, decisión), porque, como he dicho, no aceptaba ninguna forma de autoridad. Sólo me sentía segura cuando podía dominar, así que yo misma me volví demasiado YANG, aunque al mismo tiempo me quejaba de que los hombres que había en mi vida fueran demasiado YIN (aspecto femenino: pasivo, receptivo).

Por un lado habría querido recibir el amor de mi padre, y por otro lo odiaba. Eso mismo me sucedía con los hombres que trataba de conquistar: terminaba por odiarlos porque no me amaban.

¿Cómo pude liberarme de esto? Cambiando la película de mi vida. (Volveré sobre este tema con los casos que he presentado y te explicaré cómo cambiar la película de tu vida.)

El sentimiento de rechazo también puede experimentarse de otras formas, por ejemplo como una falta de comunicación con uno de los progenitores.

De niña, mi madre trabajaba mucho fuera de casa, y cuando regresaba, deseaba que mantuviera conmigo largas charlas como las que ella a veces tenía con mi hermana mayor. Posiblemente yo tenía el don de pedírselo en el momento más inoportuno, puesto que las raras ocasiones en que lo hice, me respondió: «Ah, déjame tranquila, ¡estoy cansada!». Frustrada en mi deseo de conversar con ella, llegué a la conclusión de que no quería saber nada de mí. En la actualidad, estoy segura de que si lo hubiera intentado en otro momento, ella habría estado encantada de charlar conmigo, pero, con mi sentimiento de rechazo, deduje que no era lo suficientemente interesante para ella y decidí que, puesto que no quería saber nada de mí, yo tampoco quería saber nada de ella. Cerré mi corazón, y, hasta los treinta y dos años, pensé que nunca me había querido.

Atraje parejas cuyos comportamientos eran idénticos a los de mi madre. Mi primer marido era un apasionado de la política. Al igual que mi madre, casi nunca estaba en casa, y cuando sí estaba, se pasaba el tiempo delante de la televisión o al teléfono para organizar alguna reunión de carácter político. Me sentía tan sola con él que terminé por dejarlo. Me prometí que el siguiente sería diferente. Y sí, físicamente, era diferente, pero lo que viví con él, los sentimientos y las emociones eran idénticos a los que había experimentado con mi madre y mi primer marido. También trabajaba mucho, y cuando regresaba a casa, se instalaba delante de la televisión y era incuestionable interrumpirlo. El último de esta categoría era un apasionado de la religión. Tenía la sensación de que yo le importaba menos que su pasión. El único momento en que lo tenía para mí era en la cama. Traté de atraer a los hombres de mi vida con esta forma de seducción hasta que dejaba de interesarme en conquistarlos.

Hablo de mis experiencias como mujer, pero también hay hombres que experimentan sentimientos de rechazo cuando tratan de cautivar a la mujer que desean. He vivido esa misma situación a la inversa, con hombres que han querido conquistarme con flores, regalos y sexo. Y, entonces, me sentía incapaz de responder a sus expectativas; vivía pendiente de no herir sus sentimientos, y eso era exactamente lo que siempre sucedía.

Con todo aquel amor posesivo, era yo quien se sentía asfixiada y escapaba de ellos.

¿Te has fijado cómo los comportamientos de tus padres o de otros individuos (hermano, hermana, tío, profesor, madrastra o padrastro, sacerdote) que te hacían daño todavía se reproducen en tu vida actual con otras personas, como tu jefe, tu pareja, tu suegra, tu suegro, etc.? Por ejemplo, si has tenido un padre alcohólico, ¿no tienes la impresión de que sólo atraes a personas adictas al alcohol?

Judith tuvo un padre alcohólico

Bajo los efectos del alcohol, el padre de Judith se convierte en un hombre muy vulgar y escandaloso. Años más tarde, ella se casa con un hombre que es la réplica de su padre. Vive con él nueve años de infierno hasta que, cuando ya no aguanta más, lo abandona. Tras su separación, todos los hombres que atrae tienen problemas con el alcohol o las drogas. Piensa que tal vez sería mejor correr el telón de la pantalla sobre la que se desarrolla la película de su vida y renunciar a la vida de pareja. Después, un día, se le presenta una oportunidad excelente para comprar una casa de dos viviendas. Se instala en la planta baja y pone anuncios para alquilar la primera planta. Un hombre muy amable y educado que vive solo se interesa en alquilarla. Apenas unas semanas después, descubre que su inquilino es alcohólico y que, cuando está bajo los efectos del alcohol, se muestra sumamente desagradable, al igual que su marido y su padre. Y la película continúa. Imaginemos por un momento que Judith no hubiera comprado esa casa o que no hubiera querido más hombres en su vida: ¿la película se habría detenido? Puesto que sólo tenía un hijo, tal vez éste habría sido alcohólico como su padre o se habría casado con una mujer alcohólica.

La película de nuestra vida no sólo continúa con nuevas personas, sino que, además, se perpetúa de generación en generación. A menudo vivimos situaciones que ya han vivido nuestros padres. Y, con frecuencia, nuestros hijos viven lo que nosotros hemos vivido.

Jacinthe siente rabia contra su madre

Cuando Jacinthe tiene once años, su padre abusa de ella, y desde entonces siente un fuerte resentimiento hacia su madre. Por extraño que parezca, no siente rabia hacia su padre, sino que dirige su rencor hacia su madre, porque piensa: «Mi madre lo sabía y no hizo nada, escondió la cabeza como el avestruz». Jacinthe siente rabia hacia su madre por no haber intervenido, por no haber hecho nada para impedir las visitas nocturnas de su padre. Pero ignora que su madre también fue víctima de abusos por parte de su abuelo. A través de su hija, revivió su propia vergüenza y el temor a que lo descubrieran. Su madre se calló como había hecho cuando era una niña, porque estaba paralizada por el miedo. Cuando Jacinthe descubre por qué su madre no hizo nada, la comprende y puede perdonarla.

Es frecuente que el padre o la madre de un niño que ha sufrido abusos sexuales haya también padecido ese tipo de abusos. Esto puede sorprender a quienes han pasado por ellos, pues, a menudo, la madre o el padre viven sin revelar este secreto a sus hijos.

Del mismo modo, en el caso de niños que sufren maltrato físico por parte de sus progenitores, sus verdugos también han soportado palizas a manos de sus propios padres. Un anuncio sobre la violencia infantil mostraba a una niña que golpeaba a su muñeca mientras le decía: «¿Vas a hacer caso a mamá? ¿Vas a hacer caso a mamá?», y el mensaje que seguía era: «Esta niña recibe malos tratos. Hoy pega a su muñeca y mañana pegará a sus hijos».

¿Por qué estas situaciones se reproducen hasta alcanzar a nuestros hijos? La razón es muy simple: proyectamos sobre la pantalla de nuestra vida aquello que hemos rechazado.

¿Cómo proyectamos estas situaciones en nuestra vida?

La manera que tenemos de proyectar estas situaciones en nuestra vida es al actuar o al volvernos como la persona que no hemos aceptado.

El caso de Marthe

Marthe tiene una madre obesa que se niega a ir al *picnic* de padres que organiza su escuela o a la playa con las madres de sus amigas, porque se avergüenza de su obesidad. Marthe se siente triste por ello. Tras su segundo embarazo, no logra perder los kilos que ha engordado, y esta frustración la lleva a engordar más. De modo que se vuelve obesa como su madre. Y cuando su hija pequeña llora porque una de sus amigas se ha burlado de su madre, Marthe se siente doblemente apenada, porque revive su propia tristeza de la infancia además de la de su hija.

Cuando yo tenía doce o trece años, cuidaba niños de vez en cuando. Una de las mujeres para las que trabajaba de canguro tenía dos niños encantadores a quienes yo quería mucho. En ciertas ocasiones, fui testigo de la violencia de esa mujer cuando pegaba a sus hijos. Después de las palizas, los apretaba contra su pecho y, mientras los arrullaba, lloraba a lágrima viva y les decía: « Mamá no ha querido hacerlo». Yo pensaba: «¿Cómo puede estar tan loca? ¡Les da una paliza y después se pone a llorar!». Eso era exactamente lo que hacía mi padre, quien también había recibido malos tratos de niño. Después de pegar a sus hijos, se ponía de rodillas y, entre lágrimas, decía: «Niños, rezad por vuestro padre, que está enfermo». Yo misma he actuado como esa mujer. Quería que mi hija fuera perfecta para que la quisieran, así que fui muy exigente con ella, con lo que me gané su oposición. Cuando perdía la paciencia, llegaba a darle un buen cachete. Después, me encerraba en mi habitación y lloraba a lágrima viva. Creo que lo pasaba peor que ella. Me veía a mí misma actuar como mi padre y como mi hermano mayor, a quienes tanto rechazaba, así que me rechazaba a mí misma atrayendo situaciones de sufrimiento para castigarme.

Sólo si nos ponemos en la piel de estas personas, podremos comprenderlas mejor, perdonarlas y liberarnos. Ésta es la razón por la que revivimos las situaciones que no hemos sido capaces de aceptar.

A veces, podemos pasarnos al otro extremo y creer que no actuamos como esa persona que no hemos aceptado.

La madre de Amélie se ausenta durante gran parte de la infancia de su hija. La pequeña crece bajo los cuidados de institutrices, y al llegar a la adolescencia, se dice: «Cuando tenga hijos, los criaré yo misma». Amélie se casa, tiene hijos y se queda en casa; pero, interiormente, sólo sueña con proseguir los estudios de derecho que ha dejado tras el nacimiento de su primer hijo. Amélie vive reaccionando a su madre, porque, en lo más profundo de sí misma, sólo sueña con esos estudios que tanto le fascinan. No aceptó que su madre trabajara fuera de casa, de modo que se lo niega a sí misma. Con el paso de los años, se convierte en una mujer frustrada y depresiva.

Te sugiero que te detengas en este punto y hagas una lista de todos los aspectos que no has aceptado de tus padres o de las personas que han tenido importancia para ti en tu infancia. También puedes tener en cuenta el entorno donde vivías.

Puede tratarse de las condiciones económicas. Tal vez veías cómo tus padres discutían sobre el dinero y ahora tú haces lo mismo con tu pareja. O quizá tus abuelos paternos miraban por encima del hombro a tu madre porque provenía de un entorno modesto, y ahora tú te sientes menospreciado por tu familia política.

Cuando te hablo de descubrir los aspectos de tus padres que no has aceptado, no me refiero a ellos en la actualidad, puesto que con los años han podido cambiar. Me refiero a los comportamientos que no aceptabas cuando eras un niño. Por ejemplo:

- Tu padre no prestaba atención a la familia y se refugiaba en el periódico.
- Tu padre no se comunicaba contigo.
- Tu madre te hacía reproches delante de los demás.
- Tu madre asumía los gastos del hogar porque tu padre nunca conseguía mantener un trabajo.
- Tu padre era autoritario y dominador, imponía continuamente su criterio.
- Tu madre nunca te escuchaba, sólo quería que tú la escucharas a ella.
- Tu madre te asfixiaba con su amor.
- Tu padre no te creía cuando le contabas cualquier cosa; para él, nunca tenías razón.
- Tu madre siempre estaba enferma o cansada.
- Tu padre puso en ti las cargas familiares porque tu madre no podía asumirlas.
- Tu madre quería mandar sobre todos.
- Tu hermano se metía en los asuntos de los demás y no se ocupaba de los suyos.

Descubro la existencia de la memoria emocional

- Tus padres te pedían que fueras un ejemplo para tus hermanos pequeños.
- Tu tío era arrogante y pretencioso.
- Tu abuela era agresiva.
- Tu hermana tenía celos de ti.

Completa esta lista con tus propias vivencias.

Revivir una situación que no hemos aceptado

Ginette huye de los marinos

El padre de Ginette es marinero. A veces, pasa varias semanas embarcado, y, entonces, es ella quien debe ayudar a su madre a ocuparse de la casa. Ginette se promete a sí misma que jamás se casará con un marino, e incluso rehuye cualquier pretendiente que muestre cierto interés por la pesca. Finalmente, conoce a Jean-Luc, un técnico especializado en electrónica. Poco antes de la boda, Jean-Luc pierde su empleo y acepta unirse a dos amigos que acaban de comprarse un barco de pesca. Ginette revive exactamente todo lo que su madre ha vivido, hasta que un día termina por comprenderlo y aceptarlo. Entonces, las cosas cambian. Jean-Luc consigue un empleo como técnico en electrónica en barcos de investigación, y ya no tiene que ausentarse durante varios días o semanas.

Atraemos a personas que viven situaciones de las que fuimos testigos, y que nos hirieron o nos parecieron injustas

Bernard experimenta un sentimiento de impotencia

La madre de Bernard siempre está enferma y deprimida. Todos sus intentos por ayudarla resultan vanos. A la edad de diecisiete años, cuando ya no puede soportar más la decadencia de su madre, abandona la casa, busca un trabajo y ahorra cada céntimo que gana para construirse una casa en la que vivir confortablemente algún día con su propia familia. Su madre siempre se quejó de sus condiciones de vida, y Bernard desea que su mujer y sus hijos vivan desahogadamente.

Cuando tiene veinticuatro años, conoce a Annie. Se enamoran, se casan y tienen hijos. Tras el tercer hijo, Annie no logra recuperarse del parto y se hunde poco a poco en una depresión. Bernard hace todo lo posible por ayudarla, al igual que anteriormente hizo todo lo que pudo para ayudar a su madre. Revive con Annie el sentimiento de impotencia que le ha perseguido desde niño, pero, ahora, ya no puede huir de su situación. Lucha consigo mismo y durante años padece lumbalgias que le causan fuertes dolores hasta que comprende que su madre, al igual que su mujer, se veía obligada a vivir eso y que él no tenía que responsabilizarse de ella. Sólo ellas podían ayudarse a sí mismas. Lo mejor que podía ofrecerles era su presencia y amor.

Nicole siente rabia contra la sociedad

El padre de Nicole es alcohólico y pega a la madre de ésta. Ella no puede soportar el sufrimiento de su madre y odia a la sociedad por mostrarse indiferente ante los malos tratos a las mujeres. También siente rabia contra la sociedad por vender el alcohol que vuelve violento a su padre.

Cuanto tiene veintidós años, se casa con Guy, un chico encantador, con quien tiene un hijo que, con el tiempo, se vuelve esquizofrénico. Ver a su hijo encerrado en su sufrimiento le afecta enormemente, y se indigna con la sociedad por considerar que se muestra indiferente ante su problema. Me dijo: «Mi vida es una lucha continua para lograr que mi hijo sea aceptado y para que le ayuden en su sufrimiento». Nicole hubiera querido cambiar el mundo para no ver sufrir a su madre, y ahora lucha contra las leyes vigentes para no ver sufrir a su hijo.

Atraemos a quienes actuarán como la persona que no hemos aceptado

Agnès es la niña mimada de su padre, mientras que sus hermanos son los chivos expiatorios. Quiere a su padre, pero sufre al ver que sus hermanos son maltratados. Años después, se casa con un hombre que es cariñoso con su hija y severo con su hijo.

Ahora, echa un vistazo a tu familia. ¿Cómo se repartían los papeles?

- ¿Quién ostentaba el poder?
- ¿Quién era la autoridad?
- ¿Quién era la oveja negra?
- ¿Quién era el niño bueno o educado?
- ¿Quién era el modelo?
- ¿Quién era el responsable?
- ¿Quién era el insensato?
- ¿Quién era el sensato?
- ¿Quién era el olvidado?
- ¿Quién era el mártir?
- ¿Quién era el payaso?
- ¿Quién era el seductor?

- ¿Quién era el idiota?
- ¿Quién era el chivo expiatorio?
- ¿Quién era el guapo?
- ¿Quién era el cerebrito o el inteligente?
- ¿Quién era el que reemplazaba a la autoridad?
- ¿Quién era el perseguidor?
- ¿Quién era el celoso?
- ¿Quién era el sumiso?
- ¿Quién era el rebelde?

¿Cuál era tu papel? ¿Cómo te sentías con relación a cada uno de los miembros de tu familia y sus respectivos roles?

Es posible que nuestros hijos vivan lo que nosotros o alguno de nuestros seres queridos hemos vivido y nos causaba dolor. O que se vuelvan como la persona que no hemos aceptado.

Con frecuencia repetimos con nuestros hijos los mismos esquemas de aquellos que no hemos aceptado, a veces incluso sin ser conscientes de ello. Cada vez que llevaba la cartilla de calificaciones a casa para que mi madre la firmara, ella apenas la miraba. Se limitaba a firmar distraídamente mientras me decía: «Está bastante bien, está bastante bien». Ya tuviera un cuatro o un nueve, siempre recibía la misma respuesta. Cuando me había esforzado por obtener buenas notas, esperaba que ella se alegrara y me felicitara, pero me hacía el mismo caso que me habría hecho si hubiera sacado malas notas. Entonces, pensaba: «¿Para qué trabajar tanto si ella no ve mis esfuerzos?». Durante años, me he repetido exactamente esas mismas palabras con respecto a mis jefes. Pensaba que ellos tampoco veían lo mucho que me esforzaba en mi trabajo. Y, después, fui madre, y la historia se repitió: cada vez que mi hija me enseñaba su cartilla de calificaciones, apenas le echaba un vistazo rápido y le decía: «Cariño, dime, ¿dónde tengo que firmar?». Y ella me respondía: «Mamá, no necesitas firmarla, simplemente tienes que mirarla». Fue entonces cuando me di cuenta de que actuaba con mi hija exactamente como mi madre había actuado conmigo, y me pregunté por qué lo hacía. Lo primero que pensé fue que, para mí, mi hija era tan inteligente que no necesitaba mirar sus notas para convencerme de ello. Pensé que si hubiera sacado malas notas, le habría hecho más caso del que mi madre me hizo a mí. Así comprendí que mi madre no había permanecido indiferente ante mis resultados escolares, sino que tenía una confianza total en mí, y que con mis jefes había sucedido lo mismo.

Tenía tanta necesidad de reconocimiento porque yo misma jamás había reconocido mis méritos. Después de tomar conciencia de ello, dediqué mucho más tiempo a mirar las cartillas de calificaciones de mis hijos, pues sabía que, a pesar de mi confianza en ellos, necesitaban sentir que me interesaba por sus progresos escolares.

Lo más maravilloso es que, cuando comprendemos con el corazón aquello que hemos malinterpretado con la cabeza, el sentimiento negativo desaparece automáticamente. Si una persona confía en nosotros, ¿podemos estar seguros de que lo que muestra es indiferencia? ¿Confiamos en alguien a quien no amamos?

Uno de mis alumnos se dio cuenta de que actuaba con su hijo exactamente del mismo modo que su padre había actuado con él. Era el quinto de cinco hermanos, y el sexto fue la niña que tanto esperaban. Cada vez que su padre regresaba a casa del trabajo, sólo tenía ojos para la niña, y él se sentía rechazado por su progenitor. Años después, se casó y tuvo primero un niño. Cuatro años más tarde, cuando llegó la niña, comenzó a comportarse con sus hijos de la misma manera que su padre, y despreciaba al niño en favor de la pequeña, que le tenía embobado. Cuando admitió que quería tanto al niño como a la pequeña, pero que esta última le fascinaba, pudo comprender a su padre y se volvió más atento con su hijo. Ya no necesitaba repetir ese comportamiento, puesto que había aprendido lo que necesitaba saber para evolucionar.

Françoise apenada por un hijo agresivo

El padre de Françoise es una persona agresiva, tanto con sus palabras como con sus actos. Ella no puede soportar ninguna forma de agresividad, de modo que se siente atraída hacia hombres atentos y amables. Se casa con Florent, quien pertenece a esa categoría de hombres. A veces, ella misma se vuelve agresiva, sobre todo verbalmente, pero enseguida lo lamenta. Françoise se esfuerza para no dejarse llevar por la rabia. Me consulta a raíz de un problema con su hijo mayor, que es muy agresivo y hasta violento con ella. Incluso llega a golpearla. Françoise se siente muy infeliz. Hasta entonces, no había caído en la cuenta de que su hijo actuaba como su padre. Ambos eran incapaces de expresar sus sentimientos, y sólo con la agresividad lograban expresar sus penas y frustraciones. Una vez que comprende el sufrimiento que su padre expresaba mediante su agresividad y le perdona, puede comprender mejor a su hijo, y su relación con éste mejora enormemente. Su hijo, al sentirse comprendido sin tener necesidad de expresarse, manifiesta cada vez menos agresividad hacia ella.

En resumen, ante toda situación o persona que no aceptamos, es posible que:

- Vivamos la misma situación o actuemos como la persona que no hemos aceptado.

- Atraigamos a individuos que actuarán como aquel al que no hemos aceptado.
- Nuestros hijos vivan lo mismo que nosotros hemos vivido o se comporten como la persona que no hemos aceptado.
- Los papeles se intercambien. Nuestro hijo puede comportarse con nosotros del mismo modo que nosotros nos hemos comportado con uno de nuestros progenitores.

En mis seminarios «Liberación de la memoria emocional», me han dicho muchas veces: «¡He dicho tantas palabras hirientes a mis hijos que tal vez los haya marcado para casi toda la vida!». ¿Somos responsables de lo que viven nuestros hijos?

Un mismo suceso: tres interpretaciones

Tomemos como ejemplo a una familia con tres hijos y un padre alcohólico. El padre llega a casa completamente ebrio, y se siente culpable por haberse gastado gran parte de su sueldo. Por miedo a tener una discusión con su mujer, se adelanta a ésta y le dice: « Eres una zorra y una guarra; ni siquiera sabes cocinar, te pasas el día delante de la televisión sin hacer nada...». Los tres niños son testigos de la escena. Uno de ellos piensa: «Odio a mi padre, es cruel e imbécil». El otro piensa que su padre es divertido y se toma la situación a broma. El tercero ve llorar a su madre y piensa: «Si fuera mayor, la sacaría de aquí y la llevaría lejos de este hombre que sólo la hace sufrir».

¿Qué les sucederá a esos tres niños en su vida adulta? Hay muchas probabilidades de que el primero se vuelva alcohólico como su padre o que atraiga a una pareja o tenga hijos adictos al alcohol o las drogas. El segundo se burlará de las situaciones que puedan afectar a sus sentimientos. El tercero atraerá continuamente a gente que sufre, a quien siempre tratará de ayudar. Probablemente experimente un sentimiento de impotencia y se pregunte cómo es posible que pueda ayudar a tantas personas y sea incapaz de hacer algo por quienes más desea ayudar. En esa categoría de personas, podemos encontrar a un buen número de psicólogos, psiquiatras, enfermeros o terapeutas.

Hay que recordar que nuestros hijos no viven esas situaciones por casualidad: es parte de lo que tienen que experimentar y superar para evolucionar.

En el ejemplo del padre alcohólico y los tres niños, el primero tal vez tendría que aprender a perdonar, el segundo a no negar lo que siente, y el tercero a desapegarse del sufrimiento de los demás. Sin embargo, no digo que tengamos que actuar de cualquier forma con nuestros hijos y decirnos: «¡Bah! Total, tiene que aprenderlo». Eso es cierto, pero, como padres, podemos ser una buena guía para nuestros hijos, siempre y cuando permanezcamos despiertos a esta realidad.

Una lectora me escribió lo siguiente:

Tengo un problema con mi hija primogénita de cinco años. Sophie tiene una gran necesidad de afecto. En la escuela infantil, por ejemplo, siempre se sienta en el regazo de sus profesoras. Tengo conflictos con ella desde su nacimiento, pues lloraba continuamente. Cuando tenía un año, comenzó a padecer una serie de enfermedades (infecciones urinarias, conjuntivitis, otitis, varicela, etc.). Además, sufre un problema de sobrepeso. Tras el nacimiento de su hermana, Sophie trata siempre de hacerle daño o molestarla. No hay un día en que las niñas no se peleen. Lucie llora, me llama para que la defienda, y yo riño a Sophie. Tengo el sentimiento de que Sophie es un elemento perturbador en nuestra familia. Cuando está en la escuela y estoy a solas con Lucie, todo va tan bien. ¿Qué debo hacer para que haya armonía en nuestra familia?

Esto es lo que le respondí:

Por lo que me describe del comportamiento de su hija, me inclino a creer que esa niña se ha sentido abandonada. No pretendo decir que usted la haya abandonado. Más bien, creo que se trata de lo que ha venido a aprender a esta vida. A causa de su miedo a ser abandonada, trata de monopolizar la atención de los demás, como sucede cuando se sienta en el regazo de sus profesoras, molesta a su hermana o se crea enfermedades.

Puesto que cree que su hermana recibe más atención que ella, desearía casi hacerla desaparecer para recuperar la atención. Y lo consigue, puesto que Lucie parece pedir muy poco, salvo que usted la proteja de los golpes de su hermana.

Ambas tienen lecciones distintas que aprender. Lucie, sin duda, tendrá que aprender a otorgarse el derecho a existir, incluso si recibe más amor que otra persona. Y Sophie, a darse más a sí misma, en lugar de depender siempre de los demás. Probablemente se trate de lecciones vitales, así que no espere que puedan aprenderlas en cuestión de meses o pocos años. Sin embargo, al conocer cuáles son, usted sabrá mejor cómo tiene que actuar.

Le sugeriría que, cada vez que Lucie le pida ayuda cuando su hermana la moleste, no se ponga de parte de ella, pues eso aumentaría la rabia de Sophie, y si cree que usted prefiere a su hermana, experimentaría de nuevo el sentimiento de abandono. Cuando se peleen, es mejor que les diga: «Si no podéis llevaros bien, elegid cada una un sitio para jugar a solas. Cuando aprendáis a estar en paz las dos, podréis volver a estar juntas».

Para ayudar a Sophie, le sugiero que le dedique un tiempo especial para que ella sienta que es importante para usted y que la quiere. Después, gradualmente, enséñele a compartir y dedique un tiempo especial también a Lucie, avisando antes a Sophie de que cada una tendrá su momento para recibir su atención.

Finalmente, también es importante que deje de ver a Sophie como un elemento perturbador en la familia. Es una niña que tiene miedo al abandono, con todos los comportamientos que van asociados a ese temor. Creo que, si sigue estos consejos, poco a poco recuperará la armonía en su familia.

Esta mujer me respondió:
Lo más triste es que, en mi interior, ya conocía la respuesta que me ha dado, pero no deseaba cambiar mi actitud con Sophie. Siempre es más fácil exigir un cambio a los demás que cambiar uno mismo. Gracias de todo corazón.

Por sorprendente que pueda parecer, he tratado a niños con padres maravillosos que deseaban morir porque pensaban: «Mis padres son maravillosos y se merecen un hijo mejor que yo». A continuación, veremos un ejemplo concreto de ello.

André es un niño mimado

André es el hijo único que sus padres tanto han esperado... Llega después de ocho años de matrimonio en el seno de una pareja feliz. Madeleine y Jacques están pendientes de él, y jamás le riñen sin explicarle por qué lo hacen. Colman todos sus deseos y sólo quieren que su hijo sea feliz.

Cuando tiene veintitrés años, André se casa con Chantal, quien, al igual que su madre, trata de comprenderlo y animarlo sin hacerle jamás ningún reproche, porque, a su edad, André todavía está en la universidad y no logra decidir a qué dedicarse profesionalmente. Los padres de André ayudan económicamente a la joven pareja. Chantal también colabora en lo que puede. André piensa: «Mis padres se merecerían un hijo mejor del que se sintieran orgullosos. Soy una calamidad». Piensa lo mismo con respecto a su mujer y hace todo lo posible para que ésta lo abandone. Pero Chantal aguanta todo sin proponerse nunca abandonarlo; incluso se vuelve más comprensiva. El joven, poco a poco, comienza a pensar en el suicidio para no ser la vergüenza de sus padres y para que Chantal pueda hallar a alguien mejor.

Nos encontramos aquí con unos padres con una actitud ideal hacia su hijo, pero, a pesar de ello, André vive experiencias dolorosas que debe aprender a superar; en este caso, la infravaloración de sí mismo.

Debemos recordar que atraemos a los hijos que necesitamos para evolucionar. Del mismo modo que ellos atraen a sus padres y circunstancias en función de su evolución. Somos la oportunidad que tienen para vivir las situaciones que necesitan superar.

*Hazlo todo lo mejor que puedas y deja
que Dios se encargue del resto.*

5

Cambio la película de mi vida

El odio, el rencor y la culpabilidad encadenan, mientras que la comprensión, el perdón y el amor liberan.

C. R.

En el estado fetal, construimos nuestro cuerpo con materiales que están a nuestra disposición a través de los genes de nuestros padres. Del mismo modo, construimos nuestro psiquismo con materiales provenientes de nuestro ambiente familiar, social y religioso.

Imaginemos durante un instante que tenemos una cámara de vídeo en nuestro cerebro. Los ojos serían la parte visual y los oídos la parte auditiva. Al comienzo de nuestra concepción, nuestra memoria emocional, como una cinta de vídeo, podría registrar todo lo que nuestros ojos vieran y nuestros oídos escucharan con todo el colorido emocional. Si nuestra cámara registrara escenas de violencia, en la película habría violencia.

¿Qué sucedería si pusiéramos esa cinta en un reproductor de vídeo? ¿Qué veríamos en la pantalla de nuestro televisor?

Violencia. Y si un día, ya harto de ver violencia en la pantalla, destruyo el reproductor de vídeo y el televisor y me compro un equipo nuevo, ¿qué vería cuando pusiera de nuevo la cinta? ¿Escenas de armonía? No, vería de nuevo violencia. El recién adquirido reproductor de vídeo se corresponde con las nuevas situaciones, y el televisor es la pantalla de nuestra vida, sobre la cual se proyectan las imágenes de la cinta de vídeo, que no es otra cosa que la película de nuestra vida.

¿De qué sirve romper el reproductor de vídeo y el televisor? ¿De qué sirve huir de situaciones o personas que nos hacen sufrir si vamos a revivir continuamente con otra gente los mismos sentimientos y emociones? Más vale cambiar la película. Pero ¿cómo? Ésa es la respuesta que he buscado durante años.

El 80% de nuestra película se registra desde los cero hasta los doce años de edad. El cero podría definirse como el infinito, pues es todo lo que hemos vivido antes de nuestro nacimiento.

¿Cómo es posible que casi toda la película de nuestra vida se registre desde los cero hasta los doce años? La explicación radica en el hecho de que el niño, hasta los seis años, vive más en el plano emocional que en el racional. En general, los siete años se definen como la edad de la razón, es decir, la edad en que el niño comienza a hacer uso del razonamiento y la lógica. Sólo tenemos que pensar en el pequeño que cree en Papá Noel. Con tres o cuatro años, está convencido de que ese viejecito bueno que baja del cielo es quien le deja los regalos en los calcetines o bajo el árbol de Navidad. Cuando ya puede hacer uso de su razonamiento, descubre que Papá Noel no es más que una persona que se pone un disfraz y una barba blanca postiza con el objetivo de extender la magia de la Navidad, y que, en realidad, son papá y mamá quienes dejan los regalos antes de que los niños despierten. Y como ese periodo que transcurre de los cero a los seis años está dotado de un fuerte tinte emocional, aproximadamente un 50% de nuestra película se registrará durante esa etapa. Después, de los seis a los doce años, se registrará un 30% más, puesto que, en esa fase, el niño todavía vive en función de las emociones que su entorno suscita en él. En general, a partir de los dieciocho o veinte años, sólo se producen repeticiones de las emociones primarias.

Necesitaremos remontarnos todo lo posible a nuestras emociones primarias para poder intervenir en la película de nuestra vida. Algunas personas me preguntan en mis seminarios y conferencias: «¿Existen emociones primarias provenientes de otras existencias? ¿Tenemos que tratar de descubrir lo que vivimos en otra vida para entender lo que vivimos en ésta?». Puesto que la vida es continuidad, todo lo que experimentamos en el nacimiento —sentimientos, culpabilidad, minusvalía, etc.— está relacionado con lo que hemos vivido anteriormente. Así como de adultos repetimos los mismos escenarios de nuestra infancia, también lo hacemos de una vida a otra. Todo aquello que no hemos aceptado, liberado o perdonado nos llevará a revivir situaciones similares hasta que hayamos integrado la lección. No nacemos por casualidad en un país o familia determinados. No experimentamos por casualidad sentimientos de rechazo, abandono, traición, humillación, exclusión, injusticia o culpabilidad. Para integrar una lección, podemos partir de la emoción vivida en la infancia. Por mi experiencia, me atrevo a decir que, en un 90% de los casos, podemos transformar nuestra vida y liberarnos de muchas emociones pasadas sin necesidad de saber qué hemos experimentado en vidas anteriores. Sin embargo, a veces sí es necesario averiguarlo para poder entender cierta patología o situación difícil a la que no hallamos explicación en esta vida.

Tomemos el caso de un hijo único (cuyos padres se quieren mucho y lo adoran) que vive continuamente con miedo a que lo abandonen sus progenitores y que sueña con frecuencia que eso es exactamente lo que ocurre. Los sueños pertenecen al plano astral, el de las emociones pasadas y presentes. Los sueños repetitivos señalan la existencia de una fuerte emoción que no ha sido liberada.

En este caso, podemos pensar que el niño tal vez haya vivido una situación de abandono en una vida anterior. Tendremos en cuenta lo que él vive en esta vida presente para confirmar esta hipótesis y ayudarle a liberarse de esta emoción, incluso si no tenemos ninguna prueba de que haya vivido realmente una situación de abandono. Hablo de prueba porque, en el mundo racional y científico, aquello que no ha sido probado con frecuencia es rechazado y ridiculizado. Lo único que nos interesa es que la persona que nos consulta se libere de su sufrimiento. Si el niño se libera gradualmente de su fobia a ser abandonado, ¿qué importancia tiene que haya vivido esa situación en su imaginación o en una vida anterior?

Lo que me interesa del enfoque que te propongo no es darte una prueba de que funcione, sino que compruebes los cambios beneficiosos que te aportará en tu vida.

Ahora, te invito a tomar un bolígrafo y reconstituir la película de tu vida.

Al recurrir a tus recuerdos, podrás reconstituir la película de tu vida. En ella, sólo habrá aspectos negativos, pero es lo negativo lo que necesitas cambiar para dejar de revivir sentimientos o emociones que te causan sufrimiento o te conducen a repetir escenarios que no te resultan beneficiosos.

La película negativa

Escribe la situación o las situaciones que te resultan duras en este momento de tu vida:

- ¿Te sientes solo, abandonado, rechazado, incomprendido o no amado?
- ¿Piensas que eres criticado, no respetado, controlado, no valorado?
- ¿Tienes dificultades para ocupar el lugar que te corresponde?
- ¿Experimentas un gran vacío o tienes ganas de morir?
- ¿Sientes que siempre te piden más y que no ven tus esfuerzos?
- ¿Tienes la impresión de que siempre estás al servicio de los demás, pero que los demás nunca tienen en cuenta tus necesidades?
- ¿Te pasas la vida esperando encontrar la pareja ideal o que tus sueños se hagan realidad?
- ¿Crees que lo tienes todo para ser feliz y, sin embargo, te sientes desdichado?
- ¿Tras un éxito experimentas, invariablemente, un fracaso?

Pregúntate si ya has vivido una situación similar en el pasado u otra diferente en la que hayas experimentado el mismo sentimiento de abandono, rechazo, traición, humillación, incomprensión, etc.

¿Qué comportamiento adoptaste entonces para sobrevivir a esa situación?

Cuando te ves confrontado de nuevo a ese mismo sentimiento, ¿adoptas todavía ese comportamiento?

Ahora, escribe los sucesos que te han marcado. Puede tratarse de:

- La pérdida de un ser querido, como tu padre, madre, un abuelo o abuela a los que te sentías muy unido, o incluso un hermano, un amigo u otra persona.
- Una separación de tu familia, ya sea por haber ido a un internado o por el divorcio de tus padres.
- ¿Eres mujer y tus padres deseaban un niño?
- ¿Te has sentido abandonado tras tu nacimiento o a una edad temprana?
- ¿Sentías que estabas de más en tu familia? ¿Te sentías incomprendido o no respetado?
- ¿Tus padres preferían a tu hermano o hermana antes que a ti?
- ¿Has vivido episodios de violencia verbal o física?
- ¿Has sido acusado o culpado injustamente de lo que le sucedió a alguien?
- ¿Has padecido alguna forma de abusos sexuales? ¿Has sufrido algún aborto?
- ¿Te sentías continuamente criticado por aquellas personas que representaban a la autoridad?
- ¿Eras el chivo expiatorio de tu madre o de tu padre?
- ¿Eras objeto de los celos de algún miembro de tu familia?
- ¿Sentías que no tenías libertad para ser tú mismo o actuar como quisieras?
- ¿Te exigían que fueras perfecto o que lo hicieras todo mejor?

Brevemente, busca situaciones similares que puedan pesar en tu memoria emocional, y en cada una de esas situaciones, busca el sentimiento subyacente, las emociones que suscitan en ti esos sentimientos, y la conclusión o ecuación que haya podido resultar de ello.

Si tomamos el ejemplo de Marcel que mostré en el capítulo anterior, en el que la mujer que amaba le había abandonado para casarse con un hombre más rico que él, las emociones que esa ruptura suscitaron en Marcel fueron la tristeza y la rabia, amplificadas por un profundo sentimiento de injusticia (no es justo que no pueda casarme con la mujer que amo por no tener dinero). Las conclusiones que resultaron de ello fueron: «amar es igual a sufrir» y «tener dinero es igual a ser amado».

Es importante que descubras esas ecuaciones que pueden dirigir todavía tu vida.

Fíjate igualmente en aquellas situaciones relacionadas con personas hacia las que todavía sientes remordimientos, culpa, vergüenza, rabia u odio.

Antes de continuar, tómate un tiempo para hacer este ejercicio. Cuando hayas terminado el ejercicio anterior, escribe las palabras hirientes o denigrantes que te hayan dirigido o que hayas escuchado cuando hablaban de ti, frases como:

- Tú no eres como los demás.
- Jamás harás nada bueno en tu vida.
- Eres un vago, eres débil.
- Eres un inútil, no vales para nada.
- Eres un descerebrado.
- Eres una puta, una zorra.
- Te odio.
- Me vas a matar a disgustos.
- Sólo me das problemas.
- Podrías haberlo hecho mejor.
- Me has desilusionado.

- Eres un cabezota.
- Estoy deseando que te vayas ya de casa.
- Eres feo.
- Eres detestable.
- Nadie te amará nunca.
- Ninguna mujer se quedará contigo.
- Siempre estarás solo.
- Eres malvado y egoísta, no tienes corazón.
- Tienes mal carácter.
- Sólo sirves para dar disgustos a los demás.
- Eres un niño ingrato.
- Me he sacrificado por vosotros durante toda la vida...
- Si continúo con vuestro padre es por vosotros...

¿Quién te ha dicho esas palabras y en qué circunstancias? ¿Qué sentimientos tuviste en el momento en que las escuchaste? ¿Qué emociones suscitan en ti? ¿Cómo han influido en tu vida?

Cuando hayas terminado de reconstituir la película, podrás escribir más abajo: «Perdono totalmente a [nombre de la persona hacia la que todavía sientes resentimiento u odio]. Ahora, deshago el nudo que nos ata y lo reemplazo por la conciencia del amor, que todo lo sana y transforma. Que la paz sea con nosotros».

La importancia del perdón

Mientras mantengamos el odio o la rabia, no podremos ser libres ni felices, porque permaneceremos encadenados a esa persona, como el prisionero y el carcelero. El perdón es el gran liberador.

En terapia he visto cómo muchos pacientes destruían su salud y sus posibilidades de triunfo o felicidad por alimentar el odio.

Como nada funcionaba en sus vidas, culpaban a la persona que les había hecho sufrir: «Si tengo tantos problemas en la vida es porque mi padre me echó de casa a los catorce años», «Si mis relaciones amorosas son un fracaso es porque mi padre abusó de mí cuando era una adolescente», «Si no tengo confianza en mí es porque mi padre siempre me ha denigrado», «Si no logro ocupar el lugar que me corresponde es porque mis padres siempre me han dominado y jamás he podido expresarme».

Ninguna forma de paz o de felicidad será posible si no nos liberamos de esos bajos sentimientos. Y ¿quién desea mantenerlos? Nuestro querido EGO, porque él sólo quiere tener la razón; quiere ganar a cualquier precio. ¿Y tú?

Perdonar es liberarse. Es volver a tomar las riendas de la vida, abandonar la actitud de víctima para adoptar la de hombre o mujer responsable. Algunas personas creen que perdonar es darles la razón a los demás por el mal que les han hecho. No es así: perdonar no tiene nada que ver con justificar o excusar los comportamientos de otra persona, sino más bien con comprender por qué ha actuado de esa forma y entender por qué nos hemos encontrado en esa situación en nuestro camino.

El perdón no concierne tanto al otro como a nosotros mismos, porque, a veces, la otra persona ignora totalmente nuestra rabia. En ocasiones, puede sorprenderse de nuestras reacciones hacia ella porque ha olvidado aquello que nos ha herido o no le ha dado importancia.

Cuando tenía quince años, el hombre con el que mi madre salía desde hacía cinco años se vino a vivir a casa. Mi presencia y la de mi hermana no le facilitaban las cosas a mi madre; por el contrario, le causaban fricciones con su compañero. Cuando mi hermana se fue de casa, mi madre comenzó a decirme cada vez que surgían problemas: «Estoy deseando que te vayas ya de casa...». Aquellas palabras me producían un sentimiento de rechazo, como si aquel hombre fuera más importante para ella que yo. Entonces, sentía rabia hacia ella y la rechazaba.

En un seminario, al comienzo de mi aventura de crecimiento personal, la profesora nos invitó a expresar verbalmente, a nuestros padres y otras personas importantes para nosotros, todos los sentimientos negativos que albergábamos hacia ellos. Fui a ver a mi madre para recordarle aquellas palabras que tanto me habían herido cuando era adolescente: «Estoy deseando que te vayas ya de casa...». No se acordaba de nada, pero aquella frase que me había producido un sentimiento de rechazo persistía en mi interior y me impedía abrir el corazón a mi madre.

Más adelante, fue mi propia hija quien me recordó las palabras que a veces dirigía a su hermano y a ella cuando eran pequeños: «Ah, ¡os vendería muy barato!». Yo también las había olvidado, y me reí cuando mi hija me las recordó, porque, para mí, simplemente querían decir: «¡En este momento, agotáis toda mi paciencia!». Jamás habría vendido a uno de mis hijos por nada del mundo. Pero mi hija, con esas palabras, había llegado a la conclusión de que su hermano y ella no significaban nada para mí. Gracias a que me habló de ello, pude explicarle lo que realmente pretendía decir con aquellas palabras.

Perdonar es comprender qué quería decirnos esa persona con lo que nos dijo, comprender por qué se comportó de ese modo o por qué hizo lo que hizo.

Es necesario recordar que, en la mayoría de los casos, no guardamos resentimiento hacia el progenitor actual, sino hacia el que vive en nuestros recuerdos, en nuestra memoria. Es a ese progenitor a quien necesitamos perdonar para ser libres.

El actual ha tenido tiempo para cambiar y aprender a actuar de un modo diferente. Pero, mientras alberguemos resentimientos hacia aquel que vive en nosotros, no podremos sentirnos en armonía con la persona que es en la actualidad. Mantendremos con ella una relación puramente superficial y, a la mínima ocasión, se despertarán nuestros sentimientos de rechazo, abandono o incomprensión, y reviviremos la rabia y el odio hacia ese individuo, que se quedará atónito ante nuestra explosión.

Veamos, a través de los siguientes ejemplos, cómo algunas personas han podido encontrar la paz tras haber perdonado a quienes consideraban responsables de sus sufrimientos.

Francis fue abandonado en un orfelinato

Francis consume drogas duras, pero acude a mi consulta a causa de unos quistes que proliferan por todo su cuerpo. Se los han extirpado varias veces, pero el problema no se ha solucionado porque los quistes reaparecen. Tras haber vivido en varios hospicios, lo adoptan cuando tiene cinco años. Lleno de odio hacia su madre, de quien dice: «¡Me tiró a la basura!», revive continuamente situaciones de rechazo cada vez que trata de iniciar una relación con una mujer. Con la droga consigue huir tanto de su realidad como de su sufrimiento.

¿Cómo pudo perdonar a su madre? Le ayudé a comprender que, para una madre, es muy duro abandonar al niño que ha llevado en su vientre, y que la mayoría de las mujeres que se han visto obligadas a dejar a sus hijos en un orfanato recuerdan ese suceso hasta el día de su muerte. Si su madre tuvo que abandonarlo, aquello se debía, sin duda, a que no había tenido otra elección. Tuvo que hacerlo porque no tenía ningún medio para ocuparse de él. Sin duda esperaba que, con ello, pudiera ser adoptado por unos buenos padres y tuviera la oportunidad de recibir una buena educación y ser feliz. Pregunté a Francis:

«¿Crees que te habría dejado en un orfanato si hubiera estado en otra situación?». Y él me respondió: «No, no lo creo».

Entre mis lecciones de vida, tuve que integrar la del perdón, porque, durante años, odié a mi padre y a uno de mis hermanos a causa de su violencia. Nunca me había parado a tratar de comprender lo que habían vivido. Los había juzgado y condenado por su supuesta maldad. Cuando traté de comprender por qué tenían esas conductas tan violentas, descubrí que mi padre y mi hermano habían sido maltratados de niños y devolvían su sufrimiento a quienes más amaban. Mi padre lo hizo con su mujer y sus hijos; mi hermano, con sus hermanos.

En mis seminarios, con frecuencia utilizo este ejemplo para ayudar a mis alumnos a perdonar a quienes les han hecho sufrir o a perdonarse a sí mismos por haber hecho sufrir a quienes amaban. Les digo: «Imagina que vas al hospital a visitar a un amigo que padece una grave enfermedad que le causa mucho sufrimiento. Te acercas a él y, entonces, te agarra y trata de retenerte con tanta fuerza que te clava las uñas en la piel. ¿Le odiarías por ello? No, ¿verdad? ¿Por qué?». «¡Porque sufre!», me contestan.

¿Cómo no comprender que aquellos que nos han hecho sufrir también sufrían? No hay malvados, sólo personas que sufren o son inconscientes.

Podemos observar que cuando las cosas nos van bien, cuando somos felices, nos resulta fácil ser amables y tenemos ganas de ayudar a los demás o de jugar con nuestros hijos. Pero, cuando todo va mal, cuando nos sentimos inquietos, desilusionados o frustrados, nos es más difícil ser amables y, entonces, expresamos palabras de impaciencia o rabia con facilidad.

¿Desearías que uno de tus hijos o allegados te guardaran rencor durante toda la vida por haber expresado, mediante palabras o actos, tu cólera, frustración o impaciencia en uno de esos momentos? Si albergamos odio o rencor hacia alguien, por ejemplo hacia uno de nuestros progenitores, sembramos la semilla que hará que, tal vez un día, nuestro propio hijo llegue a detestarnos.

Es frecuente que una persona que se ha mostrado demasiado severa o dura con nosotros trate de recuperar nuestro afecto por todos los medios. Es su manera de pedirnos perdón.

Perdonar es comprender que todos experimentamos emociones y cometemos errores de juicio, y que no somos diferentes. Esos errores están ahí para que evolucionemos. Lo mismo sucede con los demás; ellos también tienen que aprender, a través de sus errores, el verdadero significado del amor.

Para averiguar si realmente hemos perdonado a alguien, sólo tenemos que observar cómo nos sentimos en su presencia o cuando hablamos con esa persona. ¿Qué recuerdos afloran en nosotros cuando pensamos en ella, cuando conocemos a alguien que nos recuerda a ella o que se llama igual? Si no la hemos perdonado, únicamente surgirán sentimientos negativos o experimentaremos malestar o repulsión.

Si, por el contrario, sólo emergen sentimientos positivos, o experimentamos una sensación de aceptación incondicional o un afecto sincero, eso quiere decir que la hemos perdonado.

Tras haber perdonado a mi hermano, me llegaron recuerdos de lo que había vivido con él cuando murió nuestro padre. Recordé una situación que había olvidado por completo, y que era absolutamente banal, en la que me ayudó a atravesar la alambrada que había que salvar para acceder al cementerio. A pesar de su trivialidad, había guardado ese recuerdo como un gesto de protección y ternura de un hermano mayor hacia su hermana pequeña. Antes de haberlo perdonado, las únicas imágenes que me llegaban de él eran aquellas en las que manifestaba su sufrimiento a través de la violencia. Como un viejo disco rayado, había dejado de escuchar la música y sólo oía el desagradable ruido que se repetía. El perdón pulió el arañazo, de forma que pude volver a escuchar la música de la amabilidad de mi hermano y sentir un profundo sentimiento de afecto hacia él.

Hace algunos años, asistió a uno de mis seminarios un hombre que se parecía a mi padre, tanto física como psicológicamente. Me di cuenta de que sentía un afecto sincero hacia ese hombre, a pesar de que algunos detalles de su comportamiento molestaron a ciertos participantes. A través de él, comprendí que si hubiera conocido a mi padre le habría amado, y que, al igual que mi hermano, mi padre también había expresado su sufrimiento mediante la violencia. En la actualidad, sé que aquellos que adoptan comportamientos violentos son en realidad personas hipersensibles que han sido heridas. Gritan, golpean y rompen objetos para deshacerse de su sufrimiento. Sólo tras liberarse de éste pueden dejar salir su tristeza. Gracias a ese alumno pude saber que había perdonado verdaderamente a mi padre.

Nunca he atraído a mi vida a hombres violentos, sino, más bien, a hombres que, al igual que yo, habían conocido la violencia y que por nada del mundo habrían querido manifestarla por miedo a parecerse al padre que habían rechazado. Cuando sentían que la cólera comenzaba a salir a la superficie, preferían cerrarse o huir, porque tenían demasiado miedo de su propia rabia, miedo de lo que la rabia podía llevarles a hacer. Sin embargo, eso no los libraba de nada, porque atraían a mujeres con las que tenían problemas, lo cual sólo servía para conducirlos de nuevo a la violencia que habían conocido. Con esos hombres de mi pasado, era yo quien manifestaba mi sufrimiento a través de la violencia. El hecho de que se cerraran en sí mismos hacía revivir en mí el dolor de la indiferencia que había experimentado con mi madre en diferentes ocasiones.

Cuando sané esa herida, deje de tener explosiones de violencia verbal con mi pareja, lo cual nos permitió vivir bellos años de armonía. Sin embargo, como él todavía no se había liberado de las heridas de su pasado, los papeles se intercambiaron con el paso del tiempo. Entonces, fue él quien se enfrentó al sentimiento de rechazo, que manifestaba a través de la violencia verbal para después refugiarse en el alcohol.

Cuando se veía actuando como su padre, sentía deseos de autodestruirse, del mismo modo que había deseado destruir a su padre, que le maltrataba. Y por ese motivo, cortó todo vínculo que había entre nosotros, sin duda alguna por miedo a no poder dominar la violencia que salía a la superficie y para salvaguardar la imagen de hombre amable y bueno que siempre había querido ofrecer a los demás.

Como hemos visto en el capítulo anterior, revivimos las mismas situaciones o actuamos como las personas que hemos juzgado, pero esta vez con el propósito de comprenderlos y perdonarlos. Este compañero que se refugió en el alcohol me dijo antes de romper conmigo: «Había juzgado a los alcohólicos; ahora comprendo lo que viven».

Para perdonar, debemos tratar de descubrir el amor que se esconde detrás de las palabras, las acciones o los comportamientos de los demás. Y si no podemos ver amor, hemos de intentar comprender el sufrimiento o la ignorancia de la persona que nos ha hecho sufrir.

Durante mucho tiempo pensé que mi madre no me había querido. Solía decirme: «Me daba lo que yo quería para que la dejara en paz, para que dejara de insistir, pero no me ha dado ni la más mínima muestra de afecto, a excepción de cuando íbamos a casa de sus amigos o cuando recibía visitas en casa». En esas ocasiones, me llamaba *calderito*, lo que para ella equivalía a su *querida pequeña*. Aquel apodo me sacaba de mis casillas.

Pensaba: «¿Cómo puede ser tan hipócrita? Cuando estamos solas, nunca me dice nada agradable, pero delante de los demás siempre quiere mostrar que es una madre cariñosa y, entonces, me llama *calderito*».

Lo que no comprendía entonces era que mi madre había asumido la responsabilidad de criar a varios niños, a quienes yo no calificaría precisamente de dóciles. Su vida se limitaba a dos cosas: trabajo y preocupaciones. ¿Cómo podía darme un afecto que no tenía? Sólo cuando estaba rodeada de amigos podía sentir afecto y, por tanto, dármelo.

En mi camino de crecimiento personal, comprendí lo mucho que había deseado que mi madre me hubiera amado a mi manera, algo que también había buscado en mis amigos y parejas. Les decía: «Tú no me quieres, porque si me quisieras, no harías eso o aquello, o no me dirías eso otro».

Desear que te amen del modo en que uno lo desea es la mejor manera de no tener el amor de los demás.

Al reflexionar sobre ello, me di cuenta de que, cada vez que mi madre iba a trabajar para ofrecernos una casa confortable y una buena alimentación, en realidad, era como si nos dijera: «Te quiero». Cuando, tras una dura jornada de trabajo, nos preparaba una buena cena, aquello quería decir: «Te quiero». Cuando me hacía un bonito vestido, aquello significaba: «Te quiero». Cada vez que me regalaba lo que yo más deseaba, quería decir: «Te quiero». Había muchos «te quiero», pero yo no los vi. Una vez que caí en la cuenta, ya no podía seguir pensando que mi madre no me había querido. Ya no podía albergar el más mínimo sentimiento de rencor hacia ella.

Muchas personas cuyos padres nunca les han mostrado afecto han llegado a la misma conclusión que yo. Necesitamos tener en cuenta que, antiguamente, la gente no se atrevía a expresar sus sentimientos a causa de ciertos tabúes, o por pudor o temor al incesto. Para esos padres, lograr que sus hijos vivieran bien equivalía a decirles: «Os quiero».

Sin embargo, hay situaciones en las que resulta más difícil encontrar el amor que se esconde en los actos o las palabras de quienes nos han hecho sufrir. Durante un seminario «Liberación de la memoria emocional», una alumna me dijo entre lagrimas: «¿Cómo voy a perdonar a mi madre, que me ha golpeado, denigrado e insultado durante años? ¿Cómo quieres que vea amor en todo lo que me ha hecho? Lo siento, pero no puedo hacerlo».

Comprendí todo su sufrimiento. Para ella, aceptar que su madre había sufrido equivalía a justificar los suplicios que le había hecho padecer durante años. Por tanto, no podía liberarse del sufrimiento que experimentaba ni del odio que sentía hacia su madre.

Le propuse llevarla a un estado de relajación para que buscara en su memoria emocional una situación en la que su madre le hubiera pegado violentamente. En ese estado de relajación, comencé por guiarla al lugar donde vivía, su casa y las diferentes habitaciones, hasta que logró rescatar una situación en la que su madre le había pegado. Después, tras la paliza, le indiqué que se viera a sí misma, para que ella (la adulta que estaba conmigo) pudiera consolar a la niña maltratada y decirle que no había hecho nada malo para merecer semejante violencia. Después, cuando sus lágrimas cesaron y se sintió comprendida, le dije que tomara de la mano a la niña para ir con ella a ver a su madre, avisando antes a la pequeña que su yo adulto estaba ahí para protegerla. La animé a expresar todo el sufrimiento que su madre le había hecho vivir. Éste es el diálogo que tuvo lugar entre la niña y su madre:

«Mamá, ¿por qué me odias tanto? ¿Qué te he hecho para que me detestes así? Hago todo lo que me pides, hago todo lo posible por complacerte, pero parece que nunca es lo que necesitas. Si tú supieras cómo quisiera desaparecer cada vez que me pegas, cómo quisiera morir cuando me haces sufrir...».

Sobre las mejillas de la madre rodaron enormes lágrimas, y, después, le dijo: «Te pido perdón. Odio tanto mi vida, me odio tanto a mí misma, necesito ayuda, pero nunca he sabido pedirla. No obstante, no puedo hacerte sufrir más, voy a buscar ayuda...».

«Gracias, mamá, por querer buscar ayuda, porque yo no puedo soportar más esta violencia que me obligas a vivir...».

Al expresarle su sufrimiento a su madre, pudo comprender el sufrimiento de ésta y perdonarla.

Tenía un tío que solía pegar con un cinturón a su único hijo, a pesar de quererlo mucho. Yo le tenía mucho miedo. Un día, me encontraba en casa de mi abuela, viendo mi serie de televisión favorita. Se trataba de la historia de un caballo salvaje, llamado *Furia*, que se convierte en el mejor amigo de un joven. Mi tío, que estaba allí, me dijo: «¿Ves ese caballo que te parece tan bueno? ¡Si supieras cómo han tenido que domarlo para que haga todas esas cosas delante de las cámaras!».

Eso era exactamente lo que mi tío hacía, «domar» a su hijo, porque estaba convencido de que era la mejor forma de educarlo para que se convirtiera en un buen chico y triunfara en la vida.

En aquella época, se hablaba de «domar o adiestrar» a los niños. ¿No decían acaso que «quien bien te quiere te hará llorar»? En la actualidad, ya no se pega a los niños cuando no cumplen nuestras expectativas o resultan demasiado exasperantes. En lugar de ello, se les da Ritalin para calmarlos. Tal vez éste sea otro extremo antes de comprender que el niño, por encima de todo, necesita que lo guíen.

No hay que olvidar que un buen número de niños ha recibido palizas porque sus padres estaban convencidos de que ésa era la única forma de garantizar que tuvieran lo que ellos no habían tenido: disciplina, fuerza u otras virtudes. Muchos niños YIN (aspecto femenino, pasivo) han sufrido malos tratos físicos a manos de sus progenitores porque éstos temían que pudieran volverse homosexuales. Para el padre, se trataba de una manera de ayudar a su hijo a no quedarse al margen de la sociedad y ahorrarle sufrimientos. Aunque eso no justifica la violencia, puede permitirnos comprender que quien la ha utilizado contra nosotros sufría enormemente, o no se daba cuenta del daño que nos causaba y creía justificado actuar de ese modo.

Mi madre recurría a las amenazas para que le hiciéramos caso. Por ejemplo, decía: «¡Ya verás cuando llegue Jacques [el mayor de mis hermanos]!». Como teníamos mucho miedo de Jacques, aquella frase daba cierto resultado, aunque me hizo odiar todavía más a mi hermano, además de perderle respeto a mi madre. Me prometí que nunca me comportaría como ella cuando tuviera hijos. Me decía: «Si mi hijo tiene que recibir un cachete o un bofetón, no le amenazaré con otra persona, se lo daré yo misma».

Además, consideraba que la ausencia de disciplina por parte de mi madre era la responsable de mis problemas con la autoridad y el rechazo. Pensaba: «A mi hija, voy a educarla bien; así todo el mundo verá que es buena y ella saldrá ganando». Mi familia consideraba que era demasiado severa con mi hija, y yo estaba convencida de que lo hacía por su bien. Por suerte, empecé a hacer cursos de crecimiento personal cuando ella tenía cinco años y pude modificar mi comportamiento, porque, de lo contrario, creo que se habría vuelto muy rebelde. En la actualidad, tenemos una maravillosa relación basada en la confianza.

Del mismo modo que, para liberarnos, es esencial perdonar a los demás, también es importante perdonarnos a nosotros mismos. Creo que si no me hubiera perdonado por los cachetes que le di a mi hija, ella tampoco me habría perdonado.

Si deseamos que los demás nos perdonen, primero debemos perdonarnos a nosotros mismos. Pero ¿cómo?

Podemos servirnos del ejemplo que ofrecí antes sobre el amigo que está en el hospital y nos clava las uñas. Habíamos llegado a la conclusión de que no podríamos odiarlo porque sufre. Sin embargo, si el que está en la cama del hospital somos nosotros mismos que, en nuestro sufrimiento, queremos hacer sufrir a la persona que más amamos, ¿podríamos perdonarnos?

Yo me perdoné cuando comprendí que, mientras no nos perdonamos a nosotros mismos, tendemos a encontrarnos continuamente en las mismas situaciones que nos llevaron a hacer sufrir a quienes más queremos.

Por esa razón, comenzaremos nuestra película positiva con: «Me perdono totalmente por no haber comprendido que...».

Liberarse del rencor para caer en la culpabilidad no nos hará avanzar demasiado.

La película positiva

Ahora, te invito a tomar una nueva hoja de papel y escribir la siguiente frase:

Hoy, día (escribe la fecha), comienzo una nueva vida. Me perdono totalmente por .... (Utiliza aquello que has escrito en la película negativa para reescribir cada situación con una nueva comprensión.)

Para cambiar la película negativa de nuestra vida, debemos modificar la visión desfavorable que tenemos de los acontecimientos y reemplazarla por una nueva visión que nos resulte beneficiosa.

Cuando creo que mi madre no me quiere o me rechaza, le cierro mi corazón. Al hacerlo, no puedo esperar tener una buena relación con ella. Y si eso ocurre, es posible que ella elija estar con otra persona con la que tenga una relación más agradable. Entonces, puedo pensar que prefiere a esa persona antes que a mí, lo cual puede confirmar mi creencia de que no me ama o me rechaza.

Pero cuando me doy cuenta de que mi madre nunca me ha rechazado y que simplemente me sentí despreciada porque no supo acogerme en un determinado momento en que tuve necesidad de ella, puedo perdonarla y, con ello, le abro mi corazón y descubro que siempre me ha querido. De ese modo, puedo tener una bella relación con mi madre.

¿Cómo transformé el escenario negativo con respecto a mi padre?

En mi película negativa, había escrito: «Mi padre era malvado. Pegaba a mi madre y también a mí cuando ella me llevaba en su vientre. No quería saber nada de mí. A mi madre, le dijo: "Voy a matar en una esquina de la casa a ese becerro que va a nacer"».

En la película positiva, escribí: «*Me perdono totalmente por no haber comprendido* lo mucho que sufría mi padre. Amaba a mi madre de un modo posesivo. No podía vivir con la idea de que ella estuviera embarazada de otro hombre (porque él tenía la idea errónea de que yo no era hija suya). No era de mí de quien no quería saber nada (no me conocía), sino de la situación».

Muchas personas que se han sentido rechazadas al nacer llegaron a la conclusión de que no querían saber nada de ellas, cuando, en realidad, era de la situación de lo que no deseaban saber nada.

¿Cómo convertí en positiva mi película en lo referente a la autoridad y violencia de mi hermano, que me había llevado a rechazar mi propia autoridad?

En mi película negativa, había escrito: «Mi hermano, durante años, me hizo vivir con miedo a sus explosiones de violencia. Le tenía tanto miedo que lo odiaba».

En mi película positiva, escribí: «*Me perdono totalmente por no haber comprendido* que mi hermano fue golpeado y dominado por su padre y por quienes tendrían que haberle cuidado. Comprendo hasta qué punto temía que lo dominasen o rechazasen, y que eso lo llevaba a querer someternos o golpearnos cada vez que sentía que lo rechazábamos. Estoy convencida de que habría querido poder expresar la ternura que había en él, pero su temor a perder el control lo llevaba a ponerse siempre a la ofensiva. Reconozco que la autoridad no consiste en dominar mediante el miedo, y que la verdadera autoridad tiene que ver con guiar a los demás hacia el bienestar, la felicidad y la realización personal. Reconozco esta autoridad en mí y acepto someterme a ella y permitir que se exprese en beneficio de todos».

¿Cómo transformé mi película negativa en lo referente a la falta de comunicación con mi madre?

En mi película positiva, escribí: «*Me perdono totalmente por no haber comprendido que* mi madre trabajaba mucho para que pudiéramos tener una buena casa y ropa, y no tuviéramos que vivir en la pobreza ni pasar necesidades. A veces, trabajaba hasta el agotamiento, y estaba sola a la hora de hacer frente a todas las responsabilidades. También tenía necesidad de descansar y ofrecerse momentos para estar a solas consigo misma. Expresaba esa necesidad cuando me decía: "Déjame tranquila, estoy cansada". Si yo le hubiera dicho: "Mamá, comprendo que estés cansada. ¿Puedo hablarte en otro momento de una cosa que me preocupa?", estoy segura de que me habría contestado: "Sí, hablaremos en otro momento". Me quería tanto como a mi hermana, pero me veía demasiado pequeña como para compartir conmigo sus confidencias de persona adulta».

¿Cómo pudo Francis transformar su película negativa en positiva?

En su película negativa, Francis había escrito: «Mi madre me tiró a la basura».

En su película positiva, escribió: «*Me perdono totalmente por no haber comprendido que* mi madre me dejó en un orfanato porque no tenía otra elección, y que, por amor, prefirió que tuviera un buen hogar que me ofreciera la oportunidad de ser feliz, estudiar y triunfar en la vida. Perdono totalmente a mi madre y me perdono a mí mismo por haber sentido rabia hacia ella a causa de mi incomprensión de la situación. ¡Dondequiera que esté, le envío todo mi amor y perdón!».

¿Cómo hizo Bernadette para convertir su escenario en positivo?

En su película negativa, había escrito: «Mi padre le dijo a mi madre que yo estaba de más y que quería tirarme al río».

En su película positiva, escribió: «*Me perdono totalmente por no haber comprendido que* mi padre era muy divertido. Le encantaba gastar bromas. Jamás tuvo la menor intención de tirarme al río. Para mi padre, sus hijos eran algo precioso, y ahora sé que me amaba mucho».

¿Cómo transformó Sylvie su película en positiva?

En su película negativa, había escrito: «Mis padres no querían saber nada de mí; querían un chico. Yo estaba de más».

En su película positiva, escribió: «*Me perdono totalmente por no haber comprendido que* mis padres habrían preferido un chico porque ya tenían una hija y deseaban vivir la experiencia de tener hijos de ambos sexos. Sin embargo, si han tenido otra hija es porque necesitaban tenerla. La decepción tenía que ver con sus expectativas, no conmigo. Ellos siempre me han dado todo el amor que unos padres pueden dar a sus hijos».

¿Cómo pudo Judith convertir su película en positiva en lo referente a su padre alcohólico?

En su película positiva, escribió: «*Me perdono totalmente por no haber comprendido que* mi padre no sabía expresar sus sentimientos y emociones. Cuando no podía más, el alcohol le permitía dejar salir el exceso de emociones que sentía. También dejo de juzgarlo, lo comprendo y lo perdono totalmente, al igual que a mi ex marido, que tenía el mismo problema, y también a aquel inquilino que tuve, quien me ayudó a comprender que todavía no había perdonado a mi padre por su alcoholismo. Reconozco que me han permitido aumentar mi compasión y superar mis juicios. En la actualidad, elijo comprender en lugar de condenar».

¿Cómo pudo Jacinthe transformar su película en positiva?

En su película negativa, había escrito: «Mi padre abusó de mí cuando yo tenía once años. Mi madre lo sabía, pero no hizo nada para impedirlo».

En su película positiva, escribió: «*Me perdono totalmente por no haber comprendido que* mi padre tenía una gran necesidad de afecto, que trataba de satisfacer a través del sexo. Mi padre creía que yo apreciaba sus caricias. No se daba cuenta del daño que me provocaba ni de la vergüenza que me hacía sentir. Perdono a mi madre por no haber hecho nada. Comprendo que era el miedo lo que la paralizaba, y no la indiferencia. Me perdono a mí misma por haberme juzgado a causa de esa falsa vergüenza que sentía. Ahora, recupero toda mi dignidad».

¿Cómo pudo Amélie transformar su película en positiva?

En su película negativa, Amélie había escrito: «Mi madre estuvo ausente durante gran parte de mi infancia. Crecí bajo los cuidados de institutrices».

En su película positiva, escribió: «*Me perdono totalmente por no haber comprendido que* mi madre era una mujer dinámica, que se sentía con capacidad para desarrollar una profesión y criar a sus hijos al mismo tiempo. Su ausencia me permitió desarrollar mi independencia y aprender a desapegarme de aquellos a quienes amo, algo que he venido a aprender a esta vida a través de mi madre. Me doy el derecho a realizarme y acepto que mis hijos tengan sus propias experiencias que vivir y superar».

¿Cómo pudo Marthe transformar su película en positiva con relación a su madre, que sufría sobrepeso y no podía hacer las cosas que hacían las madres de sus amigas?

En su película positiva, Marthe escribió: «*Me perdono totalmente por no haber comprendido que* el sobrepeso que padecía mi madre provenía de un problema interno. Tenía que aprender a aceptarse como era, sin rechazarse a sí misma. Yo tuve que aprender lo mismo, además de aceptar a los demás tal como son. Yo me acepto como soy. Haré con mi sobrepeso todo lo que mi madre no se atrevió a hacer».

¿Cómo perdonar las palabras hirientes?

Jean-Louis es un niño con ideas propias. Su padre le dice que es terco y obstinado como una mula. Para él, esto significa: «No eres bueno y no te quiero». Con el paso de los años, Jean-Louis se vuelve cada vez más sumiso para no desagradar a los demás y ser aceptado. Y del mismo modo que reprochamos a nuestros hijos su exceso de carácter cuando son pequeños, de mayores les reprochamos la falta de éste. De ese modo, al convertirse en una persona anodina, la gente ignora a Jean-Louis, quien se siente de nuevo rechazado.

¿Cómo pudo liberarse de ese sentimiento de rechazo, de no ser bueno? Al comprender que cuando su padre le decía que era terco como una mula, sólo quería manifestarle que era un niño con carácter y que no dejaría fácilmente que le impusieran nada.

El complejo de Denise

Denise acompaña a su madre a una reunión de padres. Su madre le dice a todo aquel que quiera escuchar: «Mi hija no es guapa, pero es sincera». Denise se convence de que su madre no la encuentra guapa. Interpreta sus palabras como un rechazo. Eso le causa dolor, pero no lo se lo dice a nadie, a pesar del resentimiento que siente hacia su madre.

Lo que Denise no comprendía era que su madre sí la encontraba hermosa, pero temía que su hija se volviera orgullosa si se lo decía. Además, no quería ser como ciertas mujeres que sobrevaloran a sus hijos.

¿Cómo transformar ahora las palabras que hemos escuchado y que nos han herido?

- «No eres como los demás» puede transformarse en:
  No sé cómo acercarme a ti; me gustaría que, entre nosotros, las cosas fueran más fáciles.
- «Eres perezoso u holgazán», en:
  No puedo soportar ver cómo te relajas y te diviertes, porque yo nunca me permito relajarme ni descansar. Mi vida sólo es trabajo. Desearía poder parar, pero no sé cómo hacerlo, pues me educaron en la creencia de que necesitaba ganarme el pan con el sudor de la frente.
- «Eres un inútil, no sirves para nada», en:
  Cuando te veo perder el tiempo, temo que no salgas adelante en la vida.
- «Eres un descerebrado», en:
  Desearía que nunca cometieras errores para que pudieras tener una vida mejor que la mía.
- «Te odio», en:
  Hay ocasiones en las que me amo tan poco que no puedo soportar a nadie, ni siquiera a mí mismo.
- «Me vas a matar a disgustos», en:
  Si tú supieras cómo me preocupo por todo lo que te sucede...
- «Podrías haberlo hecho mejor», en:
  Me pareces tan inteligente que sólo espero de ti resultados perfectos.
- «Eres feo», en:
  Me gustaría que cuidaras de tu apariencia para que parecieras todavía más guapo.
- «Eres detestable, nadie te querrá jamás», en:
  Si supieras cuánto deseo que cambies para que todo el mundo te quiera...
- «Sólo sirves para herir a los demás», en:
  Siempre me ha dado miedo herir a los demás, pero tú no pareces sentir ese miedo del que tanto deseo liberarme.

- «He sacrificado toda mi vida por vosotros», en: *Creía que, para ser una buena madre, necesitaba dejar a un lado mis deseos personales para poder pensar sólo en mis hijos.*

También transformé las palabras «Estoy deseando que te vayas ya de casa» que mi madre me había dicho, y que tanto me hirieron, en: *Desde hace muchos años, asumo mi responsabilidad de madre; estoy deseando poder pensar en mí.*

Escribir estos nuevos escenarios es importante porque *todo aquello que escribimos refuerza el mensaje en nuestro inconsciente.*

¿Cómo funciona la película positiva?

Recordemos que nuestro cerebro funciona como un ordenador.[1] Si introduzco un dato que no contradice al resto de la información, el ordenador lo acepta tal cual. Pero si más adelante quiero introducir un nuevo dato que contradice la primera información, el ordenador, en principio, lo rechazará.

Son muchos los que han leído libros sobre el poder del subconsciente. El subconsciente es una de las mayores fuerzas que posee el ser humano. Supongamos que una persona sigue las orientaciones ofrecidas en uno de esos libros para superar una difícil situación económica. Toma una gran cartulina blanca y pega sobre ella imágenes relacionadas con la riqueza, como una bella casa, un buen coche, fotos de billetes de quinientos euros, etc. Y después escribe: «La abundancia está cada vez más presente en mi vida». Se toma la molestia de colocar la cartulina en la pared para verla con frecuencia, y repite una y otra vez la afirmación que ha escrito. Sin embargo, cuanto más repite la

1. Para saber más sobre el cerebro y su papel en las diferentes manifestaciones de equilibrio y desequilibrio, puedes leer *La metamedicina*, de la misma autora.

afirmación, más endeudada está y más difícil se vuelve su situación. ¿Por qué? ¿Qué falla? ¿No funciona bien su subconsciente? No. Simplemente hay un dato contradictorio en el cerebro, no en el subconsciente, que es el ejecutor, sino en el cerebro límbico (en los archivos de la memoria emocional).

Alice y el dinero

Alice juega en casa de Sylvie, una amiga que vive en una bonita casa, mientras que ella comparte un modesto piso con su familia. Su amiga lanza su zapato sobre el césped de la finca de sus padres y le dice a Alice: «Ve a buscarlo». Alice se siente humillada y le responde: «Ya puedes ir tú a buscar tu zapato. ¡Yo no soy tu criada!». Sylvie le responde con cierta altivez: «¿Conque esas tenemos? Pues bien, ¡vuelve a tu casa!».

¿Qué pasa por la cabeza de Alice, cuya comprensión está influenciada por un entorno menos afortunado, cuando se siente humillada y rechazada? Piensa: «Yo no quiero ser rica y pretenciosa como ella». Después, ese dato que ha introducido en el plano emocional cuando tenía diez años, le recuerda: «No quiero ser rica para no actuar como esas personas que tienen dinero». Para Alice, ser adinerada equivale a ser pretenciosa y humillar a los demás, algo que ella no quiere. Inconscientemente, rechaza toda forma de riqueza. Y por eso, cada vez que pide riqueza a su subconsciente, predomina la primera información y la nueva demanda es rechazada. Su subconsciente hace lo posible para que tenga justo lo que necesita (eso no constituye una amenaza para los demás), pero le niega la riqueza.

¿Cómo pudo cambiar sus condiciones económicas a través del método de la película negativa y positiva?

Alice tuvo que encontrar el dato negativo, relacionado con el hecho de tener dinero, que había registrado emocionalmente.

Cuando identificó esa emoción, escribió en su película negativa: «No quiero ser rica y pretenciosa como Sylvie, que me humilló y me rechazó».

Después, necesitó introducir un nuevo dato para modificar el primero. De ese modo, escribió en su película positiva: «Un día, cuando tenía diez años, jugaba con Sylvie y ella lanzó su zapato sobre el césped para que yo fuera a buscarlo. A Sylvie le gustaban mucho los cuentos de hadas y quería jugar a ser una princesa que tenía sirvientes. Aquello no era más que un juego para ella. Me quería y le gustaba mucho jugar conmigo. Le desilusionó que no quisiera seguir su juego. Decepcionada, me dijo que me fuera de allí».

Al introducir esa nueva información, el dato «quiso humillarme» desapareció. No era más que un juego infantil que nada tenía que ver con la situación económica de sus padres. Al admitirlo, Alice comprendió que era su propio sentimiento de inferioridad el que le había hecho interpretar aquella situación de esa forma, y que eso era algo que tenía que superar para evolucionar.

Es muy importante sentir todo aquello que expresamos por escrito, porque la herida se halla en el ámbito de los sentimientos, no de la cabeza.

Al final de su película positiva, escribió: «De ahora en adelante, acepto la abundancia en mi vida como un medio para mi propia evolución». Al liberar su memoria emocional, pudo empezar a utilizar toda la fuerza de su subconsciente en este aspecto de su vida.

En ocasiones, la dificultad reside en descubrir algunos recuerdos muy ocultos. A veces, éstos se remontan a antes del nacimiento. En esos casos, es aconsejable trabajar con un terapeuta cualificado que pueda ayudarnos.

Te sugiero un enfoque suave, con una relajación profunda y la compañía de un terapeuta que sea capaz de ayudarte a ver los aspectos positivos de tus experiencias dolorosas. He utilizado este método durante años y lo enseño a los practicantes de metamedicina. Y he de decir que los resultados son rápidos e impresionantes.

Una vez que hemos transformado en positiva la película negativa de nuestra vida, podemos escribir: *A partir de ahora, elijo y quiero en mi vida.........................* (y llenamos el espacio en blanco con todo lo que deseamos). Y añadiremos una fecha: "*Y esto antes de...............* Después, *quemaremos la película negativa* mientras pensamos que todos esos viejos escenarios, al igual que el odio, el rencor y la culpabilidad, arden para hacer espacio a una nueva vida.

¿Cómo saber si ese aspecto del pasado ha terminado para siempre?

Sólo tenemos que observar los cambios que se producen en nuestra vida. Si sólo se han hecho en la cabeza, la próxima etapa será la modificación en el corazón.

Cuando, en la escuela, estudiamos una determinada materia, debemos examinarnos para verificar si la hemos integrado bien. La vida es una gran escuela; es posible que tengas que pasar por alguna prueba para verificar si has aprendido correctamente tu experiencia. Si fracasas en la prueba, no debes desanimarte; toma conciencia de que sólo se trata de una prueba, a fin de que puedas superarla la próxima vez.

Sin duda deberás hacer más de una película, del mismo modo que yo también he tenido que hacer varias. Al principio, esto puede parecerte muy difícil, e incluso doloroso, como la pendiente de un camino muy abrupto, pero, con el tiempo, las tomas de conciencia se volverán cada vez más evidentes y mucho menos dolorosas, y descubrirás que, cuanto más asciendes hacia la cumbre de tu evolución, más maravillosa te parece la vida. Como has podido comprobar, he seguido este camino a través de todos los ejemplos personales que he compartido contigo. Al comienzo, me sentía como un saco de boxeo; tenía la impresión de que, apenas tomaba conciencia de algo, ya me llegaba otra cosa más. En la actualidad, me siento muy satisfecha del camino que he recorrido, y en paz y armonía conmigo misma, mi entorno y la vida. No siempre me ha resultado fácil mirarme a mí misma, dejar de acusar a mi padre, a mi hermano, a mi madre o a la vida por el sufrimiento que padecí, pero todos los esfuerzos y las lágrimas han sido recompensados.

Derrumbarse y acusar a Dios, la vida o los demás no exige ningún esfuerzo. Levantarse y responsabilizarse de nuestra existencia y felicidad a veces nos exige mucho, pero es la diferencia entre vivir y sobrevivir.

6

Domino mis emociones

No somos suficientemente conscientes de cómo nuestras emociones no dominadas pueden herir a los demás.

Según una vieja enseñanza hindú, adoptada por varias escuelas de pensamiento, el ser humano podría compararse con una calesa tirada por caballos, en la que van un cochero y un pasajero.

- La calesa representa nuestro cuerpo o vehículo físico, que el SER toma prestado para su viaje por la tierra.
- Las ruedas simbolizan nuestra energía.
- Los caballos representan nuestras emociones.
- El cochero encarna nuestra mente.
- El pasajero representa el maestro interior, el SER o la Divinidad que habita en nosotros.

- Las maletas representan lo que transportamos de nuestro pasado.
- La ruta simboliza el camino de nuestra evolución.

¿Qué sucede con la calesa si los caballos se desbocan y salen en estampida sin control? Las ruedas son las primeras afectadas, y la calesa corre el riesgo de volcar y averiarse.

Eso es exactamente lo que nos ocurre cuando no dominamos nuestras emociones. Tras experimentar una emoción, observamos un descenso de energía, y, dependiendo de la intensidad de la emoción, podrán surgir diferentes afecciones, desde un ligero malestar hasta una enfermedad.

¿Cómo dominar los caballos?

El cochero representa a nuestra mente, a nuestro yo o ego. Es el que piensa, interpreta y hace juicios, y está limitado por aquello que ve o escucha. Para avanzar en la ruta de la evolución, se basa en aquello que conoce o en sus experiencias pasadas. Su papel consiste en conducir la calesa por la ruta de la vida y protegerla de los peligros inherentes al viaje a fin de llegar a su destino. Para ello, necesita de los caballos (nuestras emociones) durante el transcurso de su viaje en la tierra. Nuestras emociones participan en nuestra evolución en el sentido de que el sufrimiento que generan nos puede conducir a desear comprender el sentido de la vida y aprender a liberarnos del sufrimiento.

Para dirigir a sus caballos, el cochero cuenta con las riendas. Una de ellas está asociada al corazón y representa nuestros sentimientos. La otra está relacionada con la cabeza y simboliza nuestros pensamientos. ¿Qué sucede cuando el cochero sólo tira de una rienda? Los caballos dan vueltas y no avanzan. Cuando tratamos de comprender una situación únicamente con la cabeza, sólo logramos dar vueltas. No avanzamos. Para avanzar, necesitamos unir pensamientos y sentimientos en torno al sendero del amor.

A veces ocurre que los caballos son dóciles y avanzan sin dificultades. Entonces, el cochero está tranquilo. Pero, en ocasiones, el cochero se encuentra en un cruce de caminos, confundido y perdido, y no sabe qué sendero tomar. En ese momento, escucha a quienes, según él, saben mejor qué ruta debe tomar. Y una vez se adentra en ella, descubre que ésa no era la ruta que le correspondía. Así que da la vuelta y regresa al punto de partida. Sin embargo, esta vez toma un sendero al azar y cae por un precipicio. En ciertos momentos, tiene tanto miedo que termina por asustar a los caballos, y éstos se desbocan. Así, el cochero se aferra a las riendas, con la calesa a punto de volcar. Alguien le grita: «¡Afloja las riendas!», pero él tiene demasiado miedo y se niega a soltarlas. Finalmente, la calesa, totalmente dañada, termina por frenar a los caballos.

El cochero es nuestra mente. Como teme a lo desconocido, trata continuamente de mantener el control para tranquilizarse. Además, tiene una gran necesidad de reconocimiento para estar seguro de su valía. Para él, las alabanzas y las muestras de aprecio equivalen a: «Soy bueno, soy valioso», mientras que las críticas significan: «No soy bueno en esto, no tengo reconocimiento y no soy digno de ser amado», lo cual le lleva a tener miedo a equivocarse o no estar a la altura.

De modo que, durante gran parte de su tiempo, nuestro cochero se debate entre la duda, el miedo y la desconfianza. Teme continuamente que los demás se aprovechen de sus debilidades, que lo traicionen o le hagan daño.

Al querer controlarlo todo para estar tranquilo, termina por perder el control, lo que provoca que los caballos se desboquen, la calesa se deteriore y él se vea obligado a repararla.

Después, un día, en el punto más alto de su sufrimiento, descubre que lleva a un pasajero, y que éste (el maestro interior) puede guiarle, pues sabe exactamente hacia dónde debe dirigirse la calesa y qué caminos ha de tomar para finalizar su periplo.

Cuando el cochero se hace consciente de la presencia de este maravilloso pasajero, cada vez que tiene miedo, se siente confundido o no sabe qué dirección tomar, no duda en dirigirse a él. Sin embargo, para poder escucharlo, debe estar en calma, tranquilo y atento a los mensajes del maestro.

Cada vez que acepto una situación, incluso si no comprendo por qué tengo que vivirla, entrego las riendas al maestro. De ese modo, puedo dominarla, porque es el maestro quien está al mando. Por tanto, cada vez que tengo miedo, o no sé cómo voy a llegar a mi destino o cómo arreglar la situación, digo: «¡Por la gracia de Dios!», y con ello cedo las riendas a mi maestro interior. Me dedico a escuchar lo que siento, presto atención a las señales que me da y me dejo guiar. Cuando aparecen las dudas y los miedos, sé que se trata de mi mente, que quiere volver a tener el control. Así que le pido que se calle, tranquilizo a mis caballos y vuelvo a escuchar a mi maestro interno. Cuando sé con certeza qué debo hacer, incluso cuando mi mente no lo comprende ni sabe cómo hacerlo, confío en mi maestro interior, porque sé que una vez que haya tomado la dirección que me propone, comprenderé la razón y me sentiré llena de gratitud por su orientación.

Una persona me preguntó: «¿Cuánto tiempo has necesitado para poder sentirte tan cómoda a la hora de dar una conferencia o un seminario?». Le respondí: «Me he sentido cómoda en mis seminarios y conferencias desde el día en que dejé de querer ser competente». No es una cuestión de tiempo. Actualmente, cuando debo dar una conferencia o un seminario, dejo que el maestro se exprese a través de mí y, hasta el momento, me ha enseñado más que todos los libros que he leído.

De modo que, para avanzar por el camino de nuestra evolución, necesitamos aprender a escuchar a nuestro maestro interior para dominar mejor nuestra mente, en lugar de permitirle que nos dirija. Si dejo que el cochero (mi mente) me dirija, me haría vivir tantas situaciones emocionales que terminaría por detestar la vida y estaría convencida de que no es posible ser feliz en este mundo.

Pero si escucho a mi maestro interior, podré darle a mi cochero instrucciones que me resultarán beneficiosas. E incluso si los caballos se desbocan, sabré dominarlos y evitar que la calesa vuelque.

¿Cómo nace una emoción?

Primero, tiene lugar un suceso o nos sobreviene una determinada situación.

A continuación, hacemos una interpretación o sacamos una conclusión de esa situación.

Esa interpretación o conclusión da lugar a un sentimiento, que podrá ser agradable, neutro o desagradable.

El sentimiento desagradable producirá una o varias emociones negativas, mientras que el agradable podrá generar una emoción positiva, como una gran alegría.

Las emociones, por su parte, darán lugar a una o varias reacciones, que pueden ser tanto decisiones como acciones que emprendamos.

De esas reacciones resultarán ciertas manifestaciones.

Y esas manifestaciones tendrán repercusiones que podrán ser físicas o psicológicas, y que, según la intensidad y la duración de la emoción, pueden dar lugar a síntomas o enfermedades psicosomáticas.

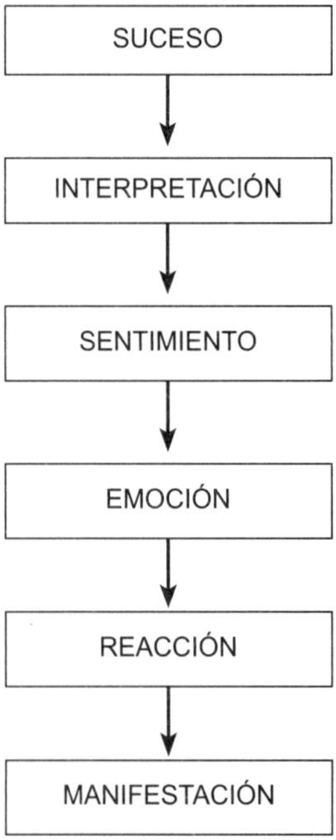

Tomemos un ejemplo de una situación del pasado:

SUCESO: Sylvie tiene nueve años. Una amiga de su madre les hace una visita. Las dos mujeres se sientan a la mesa delante de una taza de café y conversan. Cerca de ellas, Sylvie juega con sus muñecas sin prestar demasiada atención a lo que dicen. De repente, escucha que su madre dice: «Si hubiera podido decidir, sólo habría tenido tres hijos...». Sylvie es la cuarta de los hermanos.

INTERPRETACIÓN: la niña piensa e interpreta: «Si mi madre sólo quería tres hijos, eso significa que no quería tenerme».

SENTIMIENTO: el sentimiento que nace es el de no haber sido deseada.

EMOCIÓN: este sentimiento, por su parte, da lugar a una emoción de pena entremezclada con algo de rabia.

REACCIÓN: su reacción inmediata es cerrarse en sí misma. Se va a su habitación.

MANIFESTACIÓN: como manifestación inmediata, Sylvie ya no tiene ganas de jugar con sus muñecas, se siente cansada y pierde el apetito.

A continuación, interpretará todos los actos de su madre en función de esta creencia que surge de la primera interpretación. De esa forma, cada vez que vea que su madre hace confidencias a su hermana o pasa más tiempo con alguien, pensará: «Yo no significo nada para ella; prefiere a mi hermana o a esa persona. Ella no quería tenerme...».

Esta creencia intensificará su cólera y su actitud de cerrarse a su madre, lo que la llevará a rechazarla. La madre, para protegerse de las reacciones de su hija, mantendrá cierta distancia con ella, lo cual reafirmará la creencia de Sylvie de que su madre no quería tenerla y, por consiguiente, no la quiere.

De esa forma, en la vida, cada vez que ame a alguien, tendrá de nuevo la impresión de que esa persona no la quiere. Con frecuencia atraerá hombres que no desearán comprometerse con ella o situaciones en las que, una vez más, sentirá que está de más o que no quieren saber nada de ella.

Ahora, vamos a retomar el mismo suceso. Sylvie vuelve a ver, como si se tratara de una película que se desarrolla en su cabeza, la misma situación y hace una nueva interpretación de las palabras de su madre. Por ejemplo, puede visualizar en su película que la pequeña Sylvie de nueve años se dirige a su madre cuando su amiga ya se ha marchado y le pregunta: « Mamá, te escuché decir que, si hubieras podido decidir, sólo habrías tenido tres hijos. ¿Eso quiere decir que no querías tenerme?».

Y puede visualizar que su madre le contesta: «Habría preferido tener sólo tres hijos, porque deseaba realmente darles todo lo posible, pero ¡si tú supieras cómo doy gracias al cielo por haberte tenido!». ¿Qué efecto puede tener en Sylvie esta nueva interpretación? Un sentimiento de ser amada, de ser importante para su madre. De ese modo, se libera de la creencia errónea de que su madre no la quería.

En el capítulo anterior, «Cambio la película de mi vida», hemos podido observar que la interpretación que le damos a una situación determinada contribuye a crear en nosotros sentimientos que dan lugar a emociones que se registran en nuestra memoria emocional. Al transformar la interpretación, podemos liberarnos de las emociones que han creado el bloqueo en nuestra vida.

Ahora, podríamos preguntarnos qué parte de nosotros interpreta las palabras o los actos de los demás.

Obviamente, es el cochero, nuestra mente, quien interpreta todas las situaciones que vivimos.

Mientras no aprendamos a dominar a nuestro cochero, o mente, éste actuará como un niño pequeño que pone a prueba a sus padres al decirse: «Si ella me hace eso, es que me quiere»,

«Si ella dice eso, es que no me quiere», «Si él me llama por teléfono, es que le importo», «Si no lo hace, es que no me aprecia».

A veces, interpreta las intenciones de los demás: «Si ha hecho eso, es por tal razón...», «Ha querido humillarme delante de mis amigos», «Él trata de ridiculizarme», «Ella quiso manipularme», «Él busca un pretexto para no decirme la verdad», «Lo único que le interesa es el dinero que puede ganar conmigo...», «Tiene celos...», «Quiere vengarse...», «Tú siempre quieres tener la razón», «Todo tiene que ser como tú quieres».

En otras ocasiones, traduce los pensamientos de los demás: «Crees que no soy capaz...», «No confías en mí», «Sé que piensas que no soy el tipo de persona que te conviene...», «Sé lo que estás pensando», etc.

A veces, juega a ser la víctima: «No me tienes en cuenta...», «Siempre soy yo el que tiene que dar el primer paso...», «Soy yo quien hace todo, tú nunca me ayudas», «Ella nunca me ha querido, sólo se ha aprovechado de mi generosidad», etc.

También tiende a generalizar y emitir juicios: «La gente ya no piensa...», «Los hombres son egoístas», «Las mujeres son caprichosas», «Los norteamericanos son de esta forma..., los parisinos son de esta otra..., y los judíos aún son peores...».

Cuando conocemos bien al cochero, descubrimos que es el gran perturbador de nuestra vida. Está en la raíz de casi todo nuestro sufrimiento. Sin embargo, cuando el cochero se somete a la sabiduría de su maestro interior, aprende a comprender en lugar de juzgar o interpretar las palabras o actuaciones de los demás de manera negativa, y de ese modo deja de estancarse en el camino de su evolución, de manera que avanza con placer y libertad.

¿Cómo dominar las emociones o su autor, la mente?

Recordemos que la mayoría de nuestras reacciones emocionales dependen de una emoción que ha sido registrada en nuestra memoria emocional. Eso significa que podremos servirnos de nuestras emociones para descubrir lo que hemos podido registrar en nuestra memoria emocional y el origen de nuestros bloqueos.

Por ejemplo, si tenemos miedo al agua, hay muchas probabilidades de que, en nuestra memoria emocional, exista una experiencia que haya dado lugar a la ecuación «agua es igual a peligro». Esta experiencia puede provenir de relatos o imágenes de un ahogamiento, de haber vivido un suceso en el que hemos tenido mucho miedo a ahogarnos o de haber sido testigos de un ahogamiento.

No todas las emociones generan bloqueos. Los bloqueos provienen de aquellas experiencias que tememos repetir. Ciertas emociones, como la alegría que proviene del sentimiento de ser amado, querido o mimado, no dan lugar a bloqueos, sino que, por el contrario, nos estimularán a repetir la acción que ha generado esos sentimientos en nosotros.

La principal diferencia entre una emoción positiva y una negativa es que la primera nos llena de energía, mientras que la segunda nos la quita, además de repercutir desfavorablemente en nuestro bienestar, de ahí la importancia de liberarnos de ella lo más rápidamente posible.

¿Cómo podemos liberarnos de nuestras emociones negativas?

Ya hemos visto que la transformación de los escenarios del pasado nos permite liberarnos de las emociones negativas de nuestra infancia.

En el caso de las menos lejanas en el tiempo, podemos aprender a hacer un balance de ellas. Al principio, podemos hacerlo por escrito. Cuando lo hayamos hecho repetidas veces, ya seremos capaces de pasar a concienciarnos de nuestras emociones.

Hacer un balance de nuestras emociones nos aporta unas ventajas nada desdeñables. Nos permite liberarnos rápidamente de las emociones negativas, en lugar de mantenerlas o acumularlas, y saber cómo debemos actuar ante una situación similar, a fin de no revivir una emoción negativa determinada.

Pero lo más importante de todo es que nos ayuda a ser más conscientes. Cuanto más conscientes seamos de nosotros mismos, más atención prestaremos a nuestras interpretaciones y, por consiguiente, mejor dominaremos nuestra mente y nuestra vida.

¿Cómo hacer un balance de nuestras emociones?

1. Escribe la situación que has vivido y que ha generado emociones en ti.
2. ¿Cuál ha sido tu interpretación o conclusión de esa situación?
3. ¿Cómo te has sentido en esa situación? (rechazado, manipulado, incomprendido, traicionado, impotente, denigrado, humillado, explotado, etc.).
4. ¿Qué emoción o emociones has experimentado? (tristeza, rabia, miedo, frustración, decepción, etc.).
5. ¿Cuál ha sido tu reacción? (huida, venganza, cerrazón, agresividad, burla, indiferencia, etc.).
6. ¿Qué manifestaciones has podido observar? ¿Padeciste algún tipo de malestar como fatiga, náuseas o estreñimiento, o alguna enfermedad como anginas, otitis, sinusitis, vaginitis, dolor de garganta o de rodillas, etc.,

u otro tipo de malestar, como desánimo, angustia o pérdida de la alegría de vivir?

7. ¿Qué interpretación o conclusión podrías hacer de la situación que dio lugar al sentimiento que has experimentado?
8. Ahora, si contemplas esa situación desde un ángulo positivo, ¿qué interpretación o conclusión podrías hacer?
9. ¿Te recuerda esa situación a un suceso semejante que hayas podido vivir en el pasado?
10. ¿Qué trata de enseñarte esa situación o qué lección podrías extraer de ella?
11. Si esa misma situación se produjera de nuevo, ¿qué cosas diferentes harías? ¿Cómo actuarías en esta ocasión?

A continuación, tenemos un ejemplo:

Situación: había abierto un centro de desarrollo personal. Alguien que acudía ocasionalmente a mis seminarios me propuso una idea para promocionar el centro. Como le interesaba la moda y sabía que me gustaba la buena ropa, me propuso organizar un desfile de modelos al que invitaríamos a varias personalidades destacadas. El precio de la entrada para el evento me pareció algo caro, pero ella insistió y alegó que los beneficios servirían para la promoción del centro. Incurrimos en importantes gastos para organizar la velada, pero ninguna personalidad relevante acudió al evento. Asistieron muy pocas personas, de las cuales la mayoría eran alumnos míos. La velada me dejó con más deudas que beneficios. Un año más tarde, la misma persona que me había propuesto el desfile de moda vino a verme, esta vez para proponerme insertar publicidad en una publicación que ahora dirigía. Le respondí que no tenía ni tiempo ni medios para hacer semejante inversión en publicidad y que, de todas formas, ahora era mi secretaria quien se ocupaba de esas cosas. Después, me fui rápidamente porque me esperaban.

Al día siguiente, cuando llamé a mi secretaria para hablarle de varios asuntos, me contó que había aceptado una propuesta de publicidad excelente. Se trataba de la propuesta de esa persona.

Comprensión: pensé: «¿Cómo se ha atrevido a hablar con mi secretaria sin mi autorización?». Mi interpretación fue: «Ha pasado por alto mi autoridad».

Mi sentimiento: sentí que había pisoteado mi autoridad y, por lo tanto, que no me había respetado.

Mi emoción: rabia, la cual estaba en resonancia con la experiencia que había vivido anteriormente y no había perdonado.

Mi reacción: quise llamarla por teléfono y decirle lo que pensaba para darle así la razón a mi mente de que fue ella la que había actuado mal. Por suerte, no contestó, y eso me dio tiempo para tranquilizar a mis caballos.

La manifestación: me sentí fatigada y se me apagó un poco la voz después de esa llamada de teléfono. Al día siguiente, me brotó un herpes en el labio superior (la rabia se quedó al nivel de la boca).

Nueva interpretación: me tranquilicé y traté de encontrar una interpretación (positiva) que me resultara favorable.

Esto es lo que descubrí: cuando me había propuesto aquel desfile de moda, lo había hecho con la intención de ayudarme a dar a conocer el centro. Consciente de lo que había perdido con aquella aventura, tal vez trató de encontrar una forma de ayudarme a recuperar la pérdida, y fue entonces cuando me propuso aquel nuevo asunto que consideraba beneficioso para mí. Al ver que estaba demasiado ocupada para detenerme a estudiar aquel proyecto de publicidad, se puso en contacto con la persona que yo había designado para ocuparse de esos asuntos.

Ahora, supongamos que sólo hubiera pensado en sí misma y considerado: «Tendría que haber vendido tantos contratos publicitarios; tal vez con este centro tenga posibilidades». ¿Qué importancia tiene? Lo que importa es que me siento bien con la nueva interpretación que le doy a la situación. Esta nueva interpretación me permite liberarme de la rabia y sentirme en paz conmigo misma, y eso es lo importante.

Tras haber transformado esta comprensión, me pregunté: «¿He vivido ya alguna situación similar?». Aunque no recordé ninguna situación parecida, me di cuenta de que, en el pasado, yo misma había actuado de esa manera, es decir, había pasado por alto la autoridad de una persona para conseguir lo que quería.

¿Qué me permitió aprender este suceso? Gracias a él reconocí una de mis formas de actuar que no es respetuosa con los demás. También me permitió ver mi dificultad para decir no. En lugar de negarme, le había dado una evasiva con la excusa de mi secretaria.

- Si tuviera que revivir la misma situación, ¿cómo actuaría?
- Le daría las gracias y simplemente le diría que no estoy interesada.

Esa emoción me hizo avanzar, pues me permitió perdonar a esa persona y ver en mí una forma de actuar que no me resultaba beneficiosa, además de tomar conciencia de mi dificultad para decir no.

Cuando dominamos una emoción, no sólo nos liberamos de ella, sino que además nos permite despertar nuestra conciencia. De esa forma podemos comprender mejor el importante papel que desempeñan nuestros caballos en el camino de nuestra evolución.

En esta etapa, ya eres capaz de comprender que ninguna persona puede ser responsable de tus emociones. Más bien, coincidirás conmigo en que las emociones son excelentes oportunidades para evolucionar.

Ser consciente de lo que nuestras emociones pueden revelarnos

Cuando nos damos cuenta de que es el intérprete el que produce la mayoría de las emociones, podemos aprender a dominar mejor la mente para que deje de hacernos pasar por todos los estados de ánimos que acostumbramos a experimentar. Para ello, necesitaremos no alimentar la emoción desde el primer momento en que la sintamos, y, en lugar de ello, decirnos: «Acepto esta situación». Digo «sí» a la situación, porque sé que está ahí para revelarme algo importante sobre mí misma o para enseñarme algo que me permitirá avanzar en mi camino. No me resisto a ella, dejo de convencerme de que es el otro el que no está bien o el responsable de lo que siento. Ya no le doy poder a la mente. Acallo el discurso que me ofrece. Vuelvo a centrarme y busco la parte de mí que ha autorizado a esa persona a actuar así conmigo o me pregunto por qué me he atraído esa situación y qué tengo que aprender de ella.

Aquí tenemos un ejemplo: fui invitada en calidad de conferenciante a un importante congreso sobre la salud. Mi editor vino a buscarme al aeropuerto para llevarme al hotel, pero cuando llegamos, resultó que no era el que me habían reservado. Como él ignoraba dónde se encontraba mi hotel, me llevó al centro de congresos para informarse. Puesto que la ropa que llevaba en aquel momento no era demasiado elegante, aunque sí muy cómoda, decidí esperar en el coche. Entonces, me dijo que enviaría a una persona para que se ocupara de mí. El coche estaba estacionado a pleno sol, pero no podía abrir las ventanillas porque el editor se había llevado las llaves. Como tenía mucho calor, decidí esperar en la acera, al lado del coche. Esperé treinta y cinco minutos, y, durante ese tiempo, mi mente me ofreció el siguiente discurso: «Ese hombre es algo desconsiderado contigo. Te mereces claramente un mejor trato. En el fondo es un egoísta, ni siquiera se ha preocupado por saber si has comido. Y tampoco se le ha ocurrido dejarte las llaves para que pudieras abrir las ventanillas...». Cuanto más me centraba en aquel discurso, más rabia surgía en mí. De repente, pasó un amigo y me hizo compañía durante un rato. Finalmente, se ofreció a llamar a la secretaria del editor. Todavía bajo la influencia de mi mente, le dije: «Soy una de las principales conferenciantes de este congreso, y me siento como una desconocida. Siento que vuestra editorial no es nada considerada conmigo». Me respondió que informaría inmediatamente a su jefe.

Tras decir esto, me volví a centrar y calmé mi mente, diciéndome: «Acepto esta situación. Acepto que la haya atraído a mí porque tiene algo que enseñarme. ¿Qué quiere enseñarme? ¿Estoy abierta a comprender?». Al actuar así, entregué las riendas de mis caballos a mi maestro interior.

Con el maestro interior al mando, tomé conciencia de que si los otros me trataban así era porque yo misma no era lo suficientemente considerada conmigo misma. Agradecí esta situación y tomé la decisión de tratarme mejor.

Finalmente, llegó el editor. Si no hubiera calmado antes mi mente me habría sentido impelida a expresarle todo mi descontento desde el momento en que se sentó al volante, pero ahora el cochero llevaba las riendas con tranquilidad y decisión. Sin reprocharle nada, le dije:

—Y ahora, ¿adónde vamos?

—¿Dónde está el hotel que has decidido con mi secretaria? —me preguntó.

—Creía que eras tú el que se iba a informar de eso —contesté.

—No, tenía que presentar a un conferenciante.

—Hay un hotel cerca del Centro de Congresos que está bien. ¿Qué te parece si averiguamos si todavía tienen habitaciones libres?

—Muy bien, ¡vamos a ver!

Tenían habitaciones libres. Me dieron una que daba a la calle. Pero como no logré abrir la puerta, regresé a recepción y aproveché para decirles: «Ya que estoy aquí, ¿no tendríais una habitación libre con vistas al lago?». Me dieron una magnífica que daba a un bello lago. Agradecí a mi maestro interior esta toma de conciencia. Esta experiencia me permitió darme cuenta, una vez más, de que cuando cambiamos de frecuencia vibratoria, el mundo que nos rodea, es decir, los sucesos y las situaciones, también cambian.

Esas frecuencias se corresponden con lo que pensamos, con aquello que adoptamos como creencias, pero también con nuestro estado de ser. La rabia nos mantiene en frecuencias bajas, mientras que la quietud, el aprecio, el amor y la gratitud nos elevan a frecuencias más altas.

Al tomar conciencia de que no era lo suficientemente considerada conmigo misma y al decidir tenerme más en cuenta, atraje circunstancias en las que me sentí más considerada. Tras esa experiencia, recibí una oferta de otro editor, quien desde el principio me manifestó una gran consideración.

La ventaja de dominar la parte mental es que así no le damos tiempo a que nos desestabilice hasta el punto de que repercuta desfavorablemente en nuestro organismo. También dejamos de proyectar inútilmente el veneno en los demás y mejoramos la calidad de nuestras relaciones, en especial con nuestra pareja e hijos, aunque también con todas las personas que tratamos con frecuencia.

Tras la conferencia, compartí una cena con el editor que había ido a recogerme a mi llegada al aeropuerto. Entonces, pude contarle lo que había experimentado mientras lo esperaba. Como ya había comprendido e integrado mi lección, lo que le conté no fue en absoluto una acusación. Me limité a relatarle los hechos. Me dio la razón, a pesar de que yo no tenía ninguna necesidad de que lo hiciera, y me dijo: «Es verdad, estaba tan preocupado por lo del hotel que no se me ocurrió dejarte las llaves para que pudieras abrir las ventanillas mientras me esperabas».

Cuando, al hacernos cargo de lo que nos corresponde, dominamos nuestras emociones, ya no responsabilizamos a los demás de lo que nos sucede, y si discutimos con ellos no lo hacemos con ánimo de acusar, sino únicamente para que sepan que no estamos de acuerdo con el trato que hemos recibido. Ellos pueden seguir actuando de la misma manera, pero nosotros ya no aceptaremos que nos falten al respeto, porque, al dominar nuestras emociones, nos respetamos más a nosotros mismos y respetamos más a los demás.

Una alumna me preguntó: «Claudia, ¿nunca te has encontrado frente a una pared?». Se refería a una persona totalmente cerrada. Me apoyé contra una pared de cemento y le dije: «Si quiero empujar la pared, probablemente no logre moverla, pero tengo otra alternativa. Puedo dejarla como está y ocuparme de mí, de mi propia felicidad y evolución».

La mente, con frecuencia, nos conduce a querer cambiar a los demás para que actúen conforme a nuestras expectativas. Esta situación es la que más emociones crea en nosotros. Las expectativas que podemos crear son:

- Que nos amen como deseamos.
- Escuchar aquello que nos complace.
- Que aquel o aquella a quien amamos responda a nuestros deseos.
- Que el otro comprenda lo que nos desagrada y cambie para hacer lo que nos agrada.
- Que el otro reconozca su parte de responsabilidad.
- Que las situaciones se modifiquen a nuestro gusto.
- Que los demás actúen conforme a las expectativas que tenemos de ellos.
- Que los demás sean como nosotros.

Éstos son muchos argumentos para vivir emociones negativas, decepciones, frustración, rabia y tristeza.

El secreto es darse a uno mismo aquello que esperamos de los demás.

Si deseamos evitar los desacuerdos, es mejor cultivar la concordia que las expectativas.

7

Me libero del sentimiento de culpabilidad

Mientras todo va bien para un hombre, su conciencia es indulgente, pero cuando le golpea la desgracia, revisa su alma, reconoce sus errores, aumenta las exigencias de su conciencia, se impone privaciones y hace penitencia.

SIGMUND FREUD

Si no hemos comprendido antes las experiencias de nuestro pasado es porque éstas formaban parte de nuestra evolución. Teníamos que vivirlas para poder integrarlas. Sólo nos liberamos de ellas cuando estamos preparados para superarlas. ¡Recuerda que la casualidad no existe! No es una coincidencia que tengas este libro en tus manos. Si el odio y el rencor pueden destruir a la persona, la culpabilidad también puede hacerlo.

Tras haber impartido numerosos seminarios durante varios años, puedo decir que he encontrado a más personas afectadas por el sentimiento de culpabilidad que por el odio o el rencor.

¿Qué tipo de situaciones tienden a generar sentimientos de culpa?

El ambiente familiar, social y religioso en el que la mayoría de nosotros hemos crecido es uno de los factores que más influyen en el surgimiento del sentimiento de culpa. Esto comienza muy pronto con frases como:

- El niño Jesús te va a castigar.
- Das muchos disgustos a mamá.
- Después de todos los sacrificios que he hecho para educarte.
- Con tantos niños que se mueren de hambre, y tú dejas la comida en el plato.

Después, durante el sermón de la misa, el cura nos decía elocuentemente: «Jesús sufrió y murió por vuestros pecados». Recuerdo haber sentido que era mala al pensar que, por culpa de mis pecados, un hombre tan bueno sufrió, fue crucificado y murió para redimirnos. El omnipresente crucifijo nos lo recordaba continuamente. También nos decían que sólo teníamos una vida y que, en el final de los tiempos, seríamos juzgados: «En el final de los tiempos, regresará para juzgar a vivos y muertos». Sin contar que nos obligaban a confesarnos el primer viernes de cada mes. Ya fuéramos culpables o inocentes, siempre teníamos que acusarnos de alguna fechoría.

Creíamos que teníamos que acusarnos, infravalorarnos y sufrir como Jesús para alcanzar el tan idealizado cielo. Lo que, sin embargo, no nos contaban era que el cielo y el infierno no son lugares físicos, sino estados del ser. Puesto que la vida es continuidad, si vivimos en la carencia y el sufrimiento, resulta ilusorio creer que al final nos espera un paraíso. Estamos en el cielo o el infierno tanto cuando permanecemos en la tierra como después de abandonarla. ¿Acaso, cuando nos sentimos felices, no decimos que estamos en el séptimo cielo, y cuando vivimos una situación difícil no afirmamos que es un infierno? Vivir en paz, en armonía y con alegría es tener el cielo en la tierra, mientras que vivir con sufrimientos, privaciones, mortificaciones, infravaloración de uno mismo y autocastigo, todos frutos de la culpabilidad, es el infierno en la tierra.

Tómate unos minutos para reflexionar y trata de recordar una o varias situaciones en las que te sentiste malvado o responsable de la desgracia de una persona cercana a ti. Tal vez hayas pensado que tu madre sufrió o murió por tu culpa. Quizá hayas visto a tus padres tan apenados tras la muerte de tu hermano o hermana que pensaste que habría sido mucho mejor si tú hubieras muerto en su lugar. O también puedes creer que podrías haber hecho algo para ayudar a un ser querido pero no lo hiciste.

Te sugiero que escribas sobre esas situaciones para poder transformarlas y liberarte de cualquier posible sentimiento de culpa.

Hace años, tenía la costumbre de emplear el término «malo» para expresarme. Por ejemplo, solía decir: «No es mala idea», «No está nada mal para...». Un día, un amigo me dijo: «Ciertamente, debes de sentir que eres mala para utilizar esa palabra con tanta frecuencia». No me había parado a pensar en ello, pero lo que me dijo me hizo reflexionar. ¿Había sentido que era mala? Al hacerme esa pregunta, me vino una imagen de cuando tenía unos once años. Mi abuela padecía la enfermedad de Parkinson, y, como le temblaban mucho las manos, yo la ayudaba con las tareas cotidianas. El recuerdo que me llegó fue de una ocasión en que le di de beber muy rápido y ella se atragantó. Una vez se hubo recuperado, me lanzó: «¡Mira que eres mala, podrías haberme matado!». Y, efectivamente, en aquel momento había sentido que era muy mala. Esa emoción se quedó grabada en mi memoria emocional. De ahí que siempre tuviera tanto miedo de hacer daño a los demás, que temiera decepcionarlos o herir sus sentimientos. Sin duda, ésa era la razón de que pensara y dijera: «Prefiero sufrir yo antes de hacer sufrir a otra persona». Ese primer descubrimiento me guió hacia otras situaciones en las que me sentí culpable.

En el capítulo anterior, hablé de un día en el que me paré a reflexionar y pensé: «¡Seguramente he decidido que no merezco ser feliz!». Pero, entonces, ¿cuándo y por qué? Una vez más, la respuesta se hallaba en la memoria emocional.

Una confidencia de mi madre me ayudó a encontrarla. Cuando me llevaba en su vientre, se sentía tan desdichada que, en cierto momento, había fantaseado con la idea de tirarse al río. A pesar de que yo no era más que un feto, es posible que creyera que por mi culpa mi madre se sentía tan infeliz, lo cual tal vez me llevó a vivir con sentimientos de culpa e impotencia al mismo tiempo. Al final de su embarazo, la violencia de mi padre había llegado a tal extremo que mi madre tuvo que huir en plena noche, descalza sobre la nieve, para refugiarse en casa de sus padres. Y allí nací yo. Es probable que me hubiera sentido responsable de la huida de mi madre y del abandono que sufrieron mis hermanos.

Hay que tener en cuenta que el feto experimenta las emociones en función de lo que tiene que aprender a superar en su existencia. No llegamos los primeros o últimos por un capricho del destino, sino en función de las experiencias que tendremos que vivir para desarrollar ciertas cualidades, liberarnos de sentimientos negativos o elevar nuestro nivel de conciencia o de amor.

Esta culpabilidad, proveniente de mi periodo fetal, se intensificó en mí a la edad de cinco años, cuando mi madre me propuso acompañarla a visitar a mis hermanas, que estaban en un internado. Hasta entonces, ignoraba que yo tuviera hermanos. Mi madre y yo esperábamos en la sala de visitas del internado, cuando, de repente, llegó una niña delgada y muy tímida. Llevaba un uniforme que le quedaba demasiado grande y tenía el pelo corto, casi rapado a la altura de la nuca. Me pareció muy desgraciada. A su lado, me sentía una princesa con mi pequeño abrigo de terciopelo rosa y mi melena rizada. Entonces, pensé: «No es justo que yo tenga todo [me refería a mamá, los abuelos, mis bonitos vestidos y los juguetes] y que ella, que es mi hermana, no tenga nada». Tras ese suceso, comencé a adelgazar. Inconscientemente, ya no quería ser bonita. Deseaba ser tan flaca como mi hermana, no quería tener mejor aspecto que ella. A los seis años, me reencontré con mi hermana, pues me enviaron al mismo internado de religiosas, y tuve «derecho» a un corte de pelo y a la ausencia de mi madre.

Ese suceso estuvo muy presente en la película de mi vida. Cada vez que tenía la impresión de poseer más que los demás, atraía inconscientemente algo que destruía aquel excedente, tanto en el plano material o profesional como en el afectivo.

Éstos son algunos ejemplos: cuando tenía diecinueve años, mi novio me regaló un bonito abrigo de piel de lince. Se me quemó cuando lo dejé sobre una rejilla de aire caliente. Si me regalaban un par de pendientes de diamantes, perdía uno. Si mi hermana me decía que se sentía desdichada con su pareja, ese mismo día me peleaba con mi novio. A los veintidós años iba a casarme con este novio, que colmaba todos mis deseos. Me organizaron una gran boda e iban a regalarme un magnífico viaje de novios a las islas Baleares (el tipo de boda que no tuvieron mis hermanas). Unas semanas antes de que se produjera el enlace, descubrí a mi novio con otra mujer; me quedé con el corazón roto y un proyecto de boda ensombrecido.

En aquella época, jamás se me habría ocurrido pensar que la culpabilidad que llevaba en mí atraía ese tipo de acontecimientos.

Incluso ignoraba la existencia de esa culpabilidad. Ahora, sin embargo, soy muy consciente de haber atraído esos sucesos, puesto que me sentía culpable de haber recibido más que mis hermanas.

En el momento en que descubrí a mi novio con otra mujer, le acusé de haberme traicionado. Jamás hubiera pensado que mi sentimiento de culpa me había traído esa situación. Con ello no quiero decir que fuera culpa mía, ni que justifique el hecho de que mi novio tuviera una aventura con otra mujer. Únicamente me refiero a mi parte de responsabilidad, es decir, a esa parte inconsciente que había atraído hacia mí esa situación que estaba en resonancia con el sentimiento de culpa que albergaba.

¡Cuántas veces se ha manifestado en mi vida ese escenario de autocastigo hasta que pude descubrir por qué se producía! Llegué a creer que cada vez que me sucedía algo bueno, tendría que pagarlo con alguna desgracia, o cada vez que triunfaba en algo, sufriría después un fracaso. Con frecuencia me preguntaba por qué mi vida se desarrollaba como una serie de éxitos y fracasos. Hasta que, finalmente, pude conectar esas situaciones en las que me sentía responsable del sufrimiento de mi madre con el hecho de sentirme culpable por haber recibido más que mis hermanos.

Me especialicé en metamedicina con el objetivo de descubrir las causas psicosomáticas de los malestares, enfermedades o situaciones que nos hacen sufrir. Sin embargo, a pesar de que había descubierto las causas de un gran número de dolencias, seguía afectada por un malestar con el que ya había aprendido a vivir, puesto que me acompañó durante gran parte de mi vida. Se trataba de un problema de estreñimiento. En mi libro *La metamedicina*, escribí que el estreñimiento está relacionado con el hecho de contenerse. Cuando trataba de averiguar qué podía retener o de qué me contenía, no descubría nada, y terminé por llegar a la conclusión de que debía de tratarse de un problema de tipo funcional. Después, este problema se agravó. La fibra que compensaba la pereza de mi intestino ya no era suficiente. Entonces, pedí a mi parte divina que me ayudara a comprender la causa de este malestar. En un momento en el que ya no esperaba nada, se hizo la luz y comprendí: me contenía de vivir, retenía mi potencial, me pasaba la vida ayudando a los demás a desarrollar el suyo, pero retenía todo lo que me podía llevar a ser completamente feliz. ¿Por qué me contenía de vivir? Porque me sentía culpable del sufrimiento de mi madre cuando todavía me llevaba en su vientre.

¿Cómo me liberé de eso? Cerré los ojos e imaginé a mi madre en la orilla de río, en un estado de gran desánimo. Después, visualicé el pequeño feto y comencé a hablarle a la pequeña que estaba en el vientre de su madre. Le dije que su mamá no sufría por su culpa, sino a causa de la difícil situación que vivía. No quería a su marido, nunca lo había amado, pero quería mucho a los niños que había tenido con él. Había deseado dejarlo para compartir el amor que había en ella con otro hombre, pero no lograba decidirse a dejar a sus hijos, porque no tenía medios para llevárselos y el hombre que amaba tampoco era libre. Entonces, le dije a la niña que ella le daría a su madre el valor necesario para salir de ese sufrimiento y construirse una nueva vida en la que pudiera estar con todos sus hijos.

Al decirle esas palabras, la pequeña dejó de sentirse culpable e impotente. Tras ese trabajo, me sorprendió observar que mi tránsito intestinal se regularizaba sin necesidad de recurrir a una dosis adicional de fibra o al uso de laxantes. También observé que mi energía y creatividad aumentaban. De repente, tenía muchas ganas de llevar a cabo todo tipo de proyectos, de hacer uso de todo mi potencial, y también me di cuenta de que todo cambiaba en el sentido que yo deseaba.

Tanto si utilizamos la técnica de la película positiva como la de hablar con el niño interior, lo importante es transformar la comprensión que tenemos de los acontecimientos dramáticos o emocionales de nuestra vida.

En lo referente a la culpabilidad por haber recibido más que mis hermanos, especialmente en aquel momento en que mi hermana me había parecido muy desdichada cuando yo tenía cinco años, utilicé la técnica de la película positiva, y escribí: «La experiencia que mi hermana vivió en el internado fue parte de las lecciones que tuvo que integrar. Impedirme ser feliz y destruir lo que poseo en ningún caso puede resultarle útil, ni es útil para nadie; mientras que tener éxito y ser feliz puede ayudar a que ella quiera lo mismo y motivarla para conseguirlo. A partir de hoy, me otorgo el derecho de ser completamente feliz y disfrutar de todo lo bueno que la vida puede ofrecerme. Acepto ser un ejemplo para motivar a los demás».

Tras haberme liberado de esta profunda culpabilidad, recibí muchas cosas en todos los ámbitos. Pero lo más importante es que encontré la paz en mí. Dejé de autocastigarme cada vez que vivía momentos de felicidad o tenía éxito. Y, a consecuencia de ello, esas situaciones se hicieron cada vez más frecuentes.

No compartí con mi hermana este trabajo sobre el sentimiento de culpabilidad que había vivido durante tantos años. Unos días después, me llamó por teléfono. Eso me sorprendió mucho, puesto que casi nunca me llamaba; normalmente era yo quien tenía la costumbre de hacerlo. Al escucharla, pensé que, tal vez, nuestra madre había muerto. Le pregunté si había sucedido algo y me respondió: «¡Oh, nada en especial! Sólo te llamaba para darte las gracias por haber escrito esos libros que me ayudan tanto en mi camino; eres un ejemplo para mí». Tras esa llamada, pensé en todos aquellos años en que me impedía a mí misma tener éxito o destruía todo lo que me podía hacer feliz, y me di cuenta de hasta qué punto eso jamás la había ayudado, mientras que cuando me concedí el derecho de triunfar y ser feliz, pude contribuir a alimentar su deseo de triunfar y ser feliz, y a que se hiciera cargo de ello.

Con frecuencia confundimos ser responsables con ser culpables. Si asumo la responsabilidad de las personas que amo y les sucede cualquier desgracia, puedo inclinarme a creer que es por mi culpa, que no tenía que haberles dicho lo que les dije o haber obrado como lo hice, o bien que no actué como tenía que haberlo hecho, y de esa forma me siento continuamente culpable.

La mayoría de nosotros hemos aprendido a asumir la responsabilidad de los demás. Nuestras madres (o abuelas) aprendieron que una buena madre se olvida de sí misma en favor de sus hijos, y nuestros padres (o abuelos) que un buen patriota debe estar dispuesto a dar la vida por la patria. Pero también que un buen hijo o hija deben estar dispuestos a olvidarse de sí mismos en favor de su vieja madre o su viejo padre, que tantos sacrificios han hecho para criarlos.

¿Has oído en alguna ocasión frases del tipo: «Después de todo lo que he hecho por ti...»? Semejante frase pudo haber creado en nosotros un sentimiento de culpa.

Incluso si rechazamos esa frase, permanecerá presente en nuestro interior y puede llevarnos a la privación, el autocastigo o la autodestrucción.

Al haberme criado en ese sistema de creencias, durante mucho tiempo asumí la responsabilidad de lo que vivían mis seres queridos. ¡Deseaba tanto poder ayudar a mi madre, mis hermanas y amigos! No me daba cuenta de que cargaba con sus sufrimientos y dificultades. Cuando relacioné todas las responsabilidades que asumía con mi dolor de espalda, pude comprender finalmente la causa de éste. Tras esa toma de conciencia, decidí que, a partir de ese momento, aunque tuviera un corazón más grande que un autobús, en la próxima parada todo el mundo se bajaría de él. Tras esa decisión, mis problemas de espalda desaparecieron.

Mi madre me había repetido: «He sacrificado toda mi vida por mis hijos». Y yo me prometí a mí misma que nunca diría eso a mis hijos para no cargarlos con toda esa culpa. Me concedí el tipo de vida que quería tener, hasta que me di cuenta de que tenía muchos más hijos que mi madre, por los cuales me olvidaba de mí misma. Esos hijos eran mis alumnos, y yo asumía la responsabilidad de su transformación. Cuando impartía un seminario, nunca me tomaba un descanso, e incluso engullía mi comida con rapidez con el propósito de estar disponible para cualquier alumno que pudiera necesitarme. Siempre era la última en abandonar la sala, tras haber ofrecido a cada uno de mis alumnos una consulta individual aparte. ¿Por qué hacía todo eso? En realidad, quería asegurarme de que todos recibieran la ayuda que habían venido a buscar, a fin de evitar reproches por su parte.

Lo que más temía era sentirme responsable del sufrimiento de otra persona, porque eso me llevaba invariablemente a sentirme culpable.

Sólo tras haber vivido varias situaciones similares pude darme cuenta de que, a veces, representamos la única oportunidad que tiene alguien de revivir una emoción de la que necesita liberarse. Podemos creer que somos nosotros los que hemos provocado esa emoción en él, y esa persona puede acusarnos de ello y responsabilizarnos de su sufrimiento. Pero cuando comprendemos esta ley de la responsabilidad, podemos preguntarnos cuál es la razón de que esa persona haya atraído esa situación a su vida. ¿Qué importante lección necesita comprender para avanzar en su camino?

En ocasiones, en mis seminarios, algunos participantes se sienten incomprendidos o rechazados por mí. Sin ninguna intención por mi parte, despierto en ellos el dolor de la incomprensión o el rechazo que sintieron con su madre. Dentro de un marco terapéutico, me resultaba bastante fácil hacer que el alumno tomara conciencia de ello y ayudarle a liberarse. Sin embargo, fuera de ese ambiente y bajo los fuegos acusatorios, a veces tendía a responsabilizarme de esas emociones.

El individuo que nos acusa o que trata de hacernos responsables de sus emociones puede haber experimentado anteriormente una situación semejante, pero, en lugar de preguntarse el porqué de lo que ha vivido, tal vez se contente con responsabilizar al otro para distanciarse después de la situación. Y somos nosotros, las personas que él ama, quienes hacemos que la reviva. Eso es así porque el amor que nos une a esa persona la llevará a preguntarse por qué ha vivido esa situación y le permitirá perdonar a quien le ha hecho vivir una situación parecida.

Comprender que hemos podido ser una oportunidad para que reviva un determinado sufrimiento no significa que podamos decirle cualquier cosa con la excusa de que el modo en que lo interprete es asunto suyo.

Hay dos extremos. Uno de ellos es creerse responsable de todo lo que les sucede a los demás y sentirse culpable si no podemos ayudarlos o estar a la altura de sus expectativas. Y el otro es mostrarse totalmente indiferente hacia los demás y desvincularse por completo de lo que pueden sentir con relación a lo que les decimos o hacemos.

El equilibrio consiste en comprender a los demás y tenderles la mano si es posible, pero también aceptar que tengan sus experiencias de vida, que no siempre somos la persona que puede ayudarlos y que, a veces, podemos ser la oportunidad que tienen para revivir esas experiencias de sufrimiento

Marie-France padecía poliartritis

Marie-France padecía poliartritis desde hacía más de siete años. Durante un seminario que hizo conmigo, una participante, que era enfermera de profesión, le contó que se sentía muy culpable de haber ayudado a morir a una paciente suya. Aquella mujer tenía tanto dolor que le había suplicado que la ayudara a poner fin a su sufrimiento.

Marie-France se interesó mucho por lo que le contó la enfermera. Entonces, recordó que su enfermedad había comenzado tras la muerte de su padre. Hasta entonces no la había vinculado con ese suceso, puesto que estaba convencida de que había aceptado completamente su partida. Pero la confidencia de la enfermera le hizo recordar que, justo antes del fallecimiento de su padre, su familia, en un acuerdo con el médico, le había confiado la responsabilidad de decidir, cuando llegara el momento, si debían o no ponerle a su padre una inyección para terminar con su sufrimiento. Ella no deseaba asumir esa responsabilidad, pero al ver a su padre sufrir atrozmente, terminó por dar su consentimiento. Finalmente, le pusieron la inyección que le permitió dejar el mundo de un modo apacible. Pero, tras su muerte, Marie-France lamentó haber dado su consentimiento y comenzó a decirse que tal vez su padre hubiera podido superar su enfermedad y vivir algunos años más. Entonces, se sintió terriblemente culpable, como si lo hubiera matado. Esa profunda culpabilidad se manifestó bajo la forma de una grave poliartritis, que, en poco tiempo, deformó sus manos. Se avergonzaba de haber tomado aquella decisión y ésta era la razón por la que sus manos resultaron las más afectadas, puesto que sirven para ejecutar las órdenes que vienen del cerebro.

¿Cómo pudo liberarse de ese sentimiento? Le propuse ayudarla a encontrar la Marie-France que había permitido que se pusiera fin al sufrimiento de su padre. Hice que entrara en un estado de relajación y la guié para que volviera a ver el hospital, la habitación donde yacía su padre y la Marie-France de aquel momento. Le pedí que observara las imágenes como si las proyectaran sobre la pantalla de un cine y que viera cómo la Marie-France actual, la que se encontraba conmigo, entraba en aquella escena en la que dio su consentimiento para que su padre recibiera la inyección.

Sugerí a la Marie-France que estaba conmigo que le dijera a la que tanto lamentaba aquella decisión que su padre le daba las gracias, pues ya estaba preparado para irse y había necesitado aquella ayuda para hacerlo. También le pedí que le dijera que, del mismo modo que auxiliamos a un niño a nacer, también podemos asistir a los demás a la hora de franquear el umbral de la otra vida. Y que había dado su consentimiento para ayudar a su padre en su travesía hacia una nueva vida.

También la llevé a reencontrarse con su padre. Pudo hablarle de las dudas que había sentido tras haber dado su consentimiento, y él le confirmó que, con sus pensamientos, le había pedido que lo hiciera, y se lo agradecía mucho.

Tras ese trabajo se liberó de un enorme peso que había cargado durante años. Supo qué suceso había dado origen a la poliartritis y también supo que se curaría completamente.

Anouchka padecía fibromialgia

Anouchka tiene nueve años. Su padre aprovecha que la madre trabaja por la tarde para toquetear a la pequeña de un modo incestuoso. Los toqueteos poco a poco se convierten en abusos más graves. Su padre le hace creer que es ella quien provoca en él pasiones que no puede dominar. Convencida de ser la causa de la debilidad de su padre, vive llena de vergüenza y culpa, y no se atreve a revelar a nadie lo que su progenitor le hace todas las tardes.

A los dieciocho años, abandona finalmente la casa para comenzar una nueva vida. Se casa y tiene dos hijos. Después, cierto día, decide tratar de perdonar. Quiere liberarse de esos penosos recuerdos que tanto la hacen sufrir. Va a ver a su padre para decirle que lo ha perdonado. Él interpreta esa declaración como una acusación y arma tal escándalo que Anouchka se siente incomprendida y hasta excluida de su familia. De nuevo, cree que lo que sucedió fue por su culpa. Se dice: «No debería haber hablado nunca de lo que sucedió, tendría que haberme callado. He hecho daño a mi familia y ahora ya no quieren volver a verme». Con ese sentimiento de culpabilidad se llenó de reproches, y éstos se manifestaron en su cuerpo mediante dolores que la dejaban como si hubiera recibido una paliza.

Angèle hace daño a su hermano pequeño

Angèle tiene un hermano pequeño. Es un bebé y llora con mucha frecuencia. Normalmente, se calma cuando lo mecen en su cuna. Un día en que llora más de lo que es habitual en él, el padre de Angèle ordena a ésta que acune a su hermano. Cuando ya no puede más y está hasta la coronilla de escucharle llorar, hace un movimiento tan brusco con la cuna que el bebé cae al suelo y se fractura ambas piernas. Angèle carga con esta culpa durante años, convencida de que es mala. Para tratar de redimirse, se olvida totalmente de sí misma en favor de los demás y jamás toma decisiones para evitar que éstas puedan perjudicar a alguien. Se casa con un hombre alcohólico que se comporta de un modo muy duro con ella. Finalmente, termina también por hundirse en el alcoholismo. Su vida es una destrucción total hasta que comprende de dónde proviene la culpa que siente y se libera de ella.

He observado que quienes se casan con personas alcohólicas y maltratadoras con frecuencia se encuentran en una de las tres siguientes categorías: la persona tenía un padre alcohólico que no ha aceptado, quería ayudar a uno de sus progenitores con sus problemas de alcoholismo, o bien siente una culpabilidad profunda e, inconscientemente, busca castigarse a sí misma.

Angèle tenía que perdonarse para poder otorgarse el derecho a vivir y ser feliz. Lo logró al reconocer que jamás había tenido la intención de causar ningún daño a su hermano pequeño, que lo que había hecho sólo era un gesto de impaciencia. Tener un gesto de impaciencia no significa que uno sea malo.

Jesús dijo: «¡Quien esté libre de pecado que tire la primera piedra!». ¿Por qué lanzar la piedra contra uno mismo? Destruir la propia vida no borra el gesto de impaciencia. Recordemos que todo lo que nos sucede forma parte de lo que tenemos que vivir. Y eso también es cierto para los demás.

Nathalie vio morir a su amiga

Nathalie vuelve del colegio en el autobús escolar. Cuando los niños salen del vehículo, el conductor los llama para indicarles que alguien ha olvidado una mochila en el asiento. Nathalie reconoce su mochila. Su amiga se le adelanta para ir a recogérsela. Cuando baja del autobús, un conductor pierde el control de su coche y la atropella. Su amiga muere en ese mismo instante.

Durante mucho tiempo, Nathalie se torturó con el pensamiento: «Si no hubiera olvidado mi mochila o si hubiera ido yo misma a recogerla, Josée no habría muerto». De ese forma se castigó durante años, mientras boicoteaba todo aquello que podía hacerla feliz.

La ayudé a comprender que la muerte de su amiga no tenía nada que ver con su mochila olvidada. Si su amiga no hubiera vuelto a subir al autobús, ¿quién sabe si no habría resultado atropellada mientras caminaba con sus amigos? O si ese conductor hubiera pasado dos minutos antes, ella no habría muerto aunque hubiera ido a recuperar la mochila. ¿Por qué ese accidente sucedió en aquel preciso momento? Josée tenía que morir aquel día, y el suceso de la mochila olvidada no había sido más que el detalle que ella necesitaba para que sucediera lo que tenía que vivir. Nathalie lo comprendió y se liberó de la culpabilidad que envenenaba su vida desde hacía años.

La madre de Martine muere durante el parto

En todos los cumpleaños de Martine, su padre nunca deja de recordarle la muerte de su madre. Eso contribuye a apenarla y a aumentar su sentimiento de culpa. Cuando Martine tiene cuatro años, su padre vuelve a casarse. Como no aprecia a su madrastra, a veces se rebela contra ella. En un momento de rabia, ésta le lanza: «Has matado a tu madre, y pagarás por ello durante toda tu vida».

Esto explica las numerosas enfermedades y depresiones de Martine.

Tenemos que tener en cuenta que cuando llevamos un sentimiento de culpa, atraemos a personas y situaciones que intensifican nuestra culpabilidad. Cuando nos liberamos de ella, estas situaciones dejan de reproducirse.

Nadie puede hacer que nos sintamos culpables, a menos que nosotros mismos consideremos que lo somos.

¿Cómo pudo Martine cambiar la película de su vida con relación a esa culpabilidad?

En su película positiva, Martine escribió: «Mi madre tuvo que dejar la vida en el momento en el que yo nací. Yo misma me atraje a esta madre para aprender a desapegarme de los seres que amo. Tal vez mi madre tenía la creencia de que no hay muestra de amor más grande que dar la vida por aquellos que amamos, o quizá ella tampoco se sentía con derecho a vivir. Acepto que ella, mi padre y yo misma teníamos que integrar una lección de vida a través de esa experiencia. Mi nacimiento ha sido la ocasión que encontró mi madre para abandonar el mundo. Me perdono totalmente por haberme causado a mí misma tanto sufrimiento a causa de mi incomprensión, y también perdono a mi madrastra por sus palabras hirientes, que provenían de su propio dolor al ver que le cerraba mi corazón. Reconozco que siempre me ha querido a su manera y que a veces no es fácil transigir con una niña rebelde. En ningún momento pensó lo que decía, no era más que el fuego de una rabia alimentada por la frustración de sus vanos esfuerzos para que la aceptara. Ahora, me concedo el derecho de vivir y de ser feliz».

Pierre y su hermano fallecido

Pierre vino a verme porque padecía un problema de agotamiento profesional desde hacía más de un año. En la terapia, descubrí que, antes de sentir ese problema de agotamiento, había vivido fuertes emociones negativas a raíz de la muerte de su hermano, emociones que se había cuidado de no mostrar a nadie. Durante la terapia, un día estalló en sollozos y me dijo: «Nunca le dije que le quería, y ahora es demasiado tarde».

Ante la muerte de un ser querido, muchas personas se muestran llenas de aceptación. Las felicitamos por su valor, y sin embargo, en el fondo, sólo tratan de sofocar su tristeza. A veces pasan muchos años antes de que la pena vuelva a salir a la superficie.

Pierre quería mucho a su hermano, a quien veía como un buen hombre. Éste siempre le manifestaba su amor. Por su parte, él no sabía expresarle sus sentimientos, y precisamente se reprochaba no haberle mostrado todo el amor que sentía por él.

Cuando Pierre comprendió esto, supo que su hermano conocía sus sentimientos hacia él. Le pregunté: «Si fueras tú el que hubiera muerto, ¿te gustaría que ese hermano al que tanto quieres se sintiera desdichado porque tú te has ido?». Me respondió que no. Entonces, le dije: «¿Y por qué tú lo haces? ¿Qué crees que podría alegrar más a tu hermano, dondequiera que esté, si no es verte feliz?».

Aquellos a quienes hemos amado ya no están donde estaban, sino que siempre están dondequiera que nosotros estemos.

ALEXANDRE DUMAS

Jacqueline es bulímica

Jacqueline padece bulimia desde hace años. Come todo cuanto puede y después se provoca el vómito. Cuando la conozco, me hace pensar en una niña que pega a su muñeca mientras le dice: «Bien hecho, muñeca mala». La muñeca era ella misma. ¿Por qué se provoca tanto daño? Me cuenta que su madre falleció unos meses antes de la entrega de su diploma de fin de estudios. Por lo que puede recordar, siempre vio a su madre enferma, de quien decían que no estaba hecha para tener niños y que sus problemas comenzaron tras el nacimiento de sus hijos, sobre todo de la segunda (Jacqueline). Se cree responsable de la enfermedad, el sufrimiento y la muerte de su madre por el hecho de haber nacido. Su madre le había dicho en numerosas ocasiones: «No me iré hasta que vea que los dos sois independientes». La culpa de vivir de Jacqueline la lleva a la autodestrucción. Inconscientemente, trata de hacerse daño.

Poco a poco, se libera de esta profunda culpa al comprender que una de las mayores alegrías de su madre fue tener hijos. Como esperó a que éstos fueran independientes para poder irse, cabía la posibilidad de que, tal vez, se habría marchado mucho antes si no hubiera tenido hijos. Ese tiempo le había permitido integrar muchas experiencias antes de partir. Hacerse daño a sí misma no cambiaba la situación. Y, al igual que Pierre, Jacqueline comprendió que lo mejor que podía hacer era ser feliz para poder darse a sí misma, y así ser capaz de dar también a quienes estaban a su alrededor.

Gilberte dejó a su hijo en un orfanato

Gilberte tiene más de cincuenta años y ya le han practicado doce *by-pass*. Su corazón está en un estado tan lamentable que le cuesta subir las escaleras. Su hija le ofrece venir a terapia conmigo. Durante una sesión, le explico que el centro cardiaco, situado en el corazón, está conectado con el plexo solar, que es el centro de las emociones, y que, además, los problemas que afectan al corazón con frecuencia están relacionados con una pérdida de territorio y que éste no necesariamente se trata de un lugar físico, sino que puede ser la pérdida de un ser querido. Cuando le pregunto sobre las emociones que han podido afectarle, me cuenta que, antes de casarse, tuvo un hijo. Cuando su madre supo que estaba embarazada, le dijo: «Ve a pedir perdón a tu padre por el daño que le has hecho». Gilberte jamás se perdonó el daño que creyó causar a su familia, ni el hecho de haber dejado al niño en un orfanato.

—Si tu hija, que está soltera, te anunciara que está embarazada, ¿cómo te tomarías esa situación? —pregunté a Gilberte.

—¡Eso ya ha sucedido! —me respondió.

—¿Y cómo te lo tomaste?

—Bien. Hoy en día es algo muy normal.

—Si tus padres hubieran vivido esa situación en nuestra época, ¿crees que se habrían apenado de la misma forma? —quise saber.

—No lo creo.

—¿No será que lo que les dolió no era tanto el hecho de que te hubieras quedado embarazada sin estar casada, sino sus tabúes sobre esta cuestión? ¿Podría ser que tus padres tuvieran que superar sus tabúes y juicios para avanzar en su camino?

—Nunca lo había visto de esa forma —me dijo.

—Con relación al niño, si hubieras estado en una situación menos problemática, ¿lo habrías dejado en un orfanato?

—Naturalmente que no —respondió.

—¿Acaso no deseabas por encima de todo que ese niño fuera acogido por una buena familia que le ofreciera todas las posibilidades para ser feliz, estudiar y triunfar en la vida? ¿Puedes aceptar que actuaste de ese modo por amor a ese niño?

—Sí.

—¿Tienes todavía algo que reprocharte?

—No. ¿Por qué los médicos no nos hablan de esta forma en lugar de prescribirnos medicamentos e intervenciones quirúrgicas? —me preguntó.

—Eso es así porque en la carrera sólo les enseñan a hacer diagnósticos y a conocer los medicamentos o tratamientos susceptibles de aliviar a sus pacientes. No aprenden a trabajar la parte emocional. Para ellos, ese asunto atañe a psicólogos y psiquiatras.

Tras finalizar la terapia, me dijo: «Me voy con un corazón nuevo».

Bernard se siente culpable de vivir

Bernard tiene seis años cuando su hermana menor fallece. Ve el pequeño ataúd blanco en el que su hermana pequeña parece dormir. No entiende por qué su madre llora tanto. Se presentan padres y amigos que se arrodillan delante de aquel pequeño cofre blanco. No sabe por qué ni de qué ha muerto su hermana, pero se siente apenado por la tristeza de su madre. Entonces, se agarra a su cuello con intención de consolarla y ésta lo empuja con rabia y le grita: «¡Tenías que haber sido tú, en lugar de ella!». Desde ese instante, Bernard se siente culpable de vivir. Dedica gran parte de su vida a ayudar a las personas que sufren. Se casa con una mujer que sufre mucho y hace todo lo posible por ayudarla, pero ésta termina por suicidarse. Una vez más, cree que es culpa suya; se vuelve a negar el derecho de vivir y ser feliz, y destruye sus posibilidades y potencial para ser feliz.

Para liberarse de ello, necesitó reencontrarse con el pequeño de seis años que quería consolar a su madre y explicarle por qué ella estaba tan triste. Tuvo que hacerle comprender que las palabras de su madre «¡Tenías que haber sido tú, en lugar de ella!» sólo eran palabras de rabia y que realmente no pensaba así. No estaba enfadada con él, sino con la vida, con Dios, quien (de acuerdo con su comprensión) acababa de quitarle a su hija, a la que tanto amaba, y que se habría sentido igualmente apenada si hubiera sido él quien hubiera muerto. También le expliqué al pequeño que su madre tenía que aprender a desapegarse de los seres que amaba, y él del sufrimiento de los demás, y que por esas razones él y su madre habían vivido una situación tan dolorosa.

Tras haberle ayudado en ese proceso con su niño interior, Bernard comenzó a sentirse con tanta energía vital que, en la actualidad, no duda en embarcarse en proyectos de gran envergadura.

Ginette roba el cheque del subsidio familiar

Los padres de Ginette tienen poco dinero. Ambos trabajan duramente para poder llegar a fin de mes. Ginette ve un cheque de subsidio familiar que lleva cuatro días guardado en el armario. Piensa que se han olvidado de él y se lo guarda. Imita la firma de su madre para cobrarlo y con el dinero se compra el jersey que tanto le gusta. Un tiempo después, su madre se pregunta dónde puede estar el cheque. La situación se convierte en un drama cuando descubre que fue utilizado en una tienda cercana. La hermana de Ginette es acusada injustamente, pero Ginette no se atreve a confesar su fechoría. Sin embargo, se siente tan culpable que se obliga a dormir sobre el suelo de su habitación para castigarse. Y lo que es peor, decide que, puesto que lo que hizo fue algo tan miserable, nunca más tendrá dinero en su vida.

A los cuarenta y cuatro años, todavía no había revelado la culpabilidad que le carcomía. Sin saberlo se castigaba viviendo frecuentemente cerca del umbral de la pobreza.

Le hice comprender que ella no había querido poner a sus padres en una situación difícil ni que éstos acusaran a su hermana. No había pensado que aquel cheque fuera tan importante para el presupuesto de su madre, pues ésta parecía haberlo olvidado. Se perdonó y reconoció que su familia no se había vuelto más pobre por ello. Tras haberse liberado de esta culpabilidad, su vida se transformó. Recibió un dinero que no esperaba, le subieron el sueldo y optó a un puesto a tiempo completo, mientras que antes de esta liberación sólo encontraba trabajo esporádicamente.

La interpretación que hacemos de un determinado suceso teje los hilos de nuestra vida. Al cambiar esa interpretación, al perdonar y perdonarnos, intervenimos en la trama de nuestra existencia.

8

Aprendo a amarme

> *Quien puede amar se ama a sí mismo; quien sólo puede amar a los demás no ama en absoluto.*
>
> ERICH FROMM

Pocas personas saben amarse verdaderamente. Esto explica por qué son tan pocos los que saben amar a los demás. Para una gran mayoría, amarse a uno mismo equivale a «ser egoísta» y amar a los demás a «olvidarse de uno mismo en favor de los otros, y al mismo tiempo esperar que los demás hagan lo mismo por ellos».

¿Cuántas veces has dicho o escuchado decir: «¡Después de todo lo que he hecho por esa persona, y esto es lo que recibo! ¡Pues bien, se terminó, ya no quiero saber nada de ella!»? Esa forma de amar nos aporta expectativas, decepciones, frustraciones, rabia, venganza, rencor, odio, desprecio, etc.

¿De dónde viene esa idea de que amarse a uno mismo es egoísta y que olvidarse de uno mismo es gratificante? La respuesta se encuentra en nuestra herencia religiosa. Nos presentaron a

Jesús como un mártir que sacrificó su vida para redimirnos de nuestros pecados. Sin embargo, aunque Jesús conoció el sufrimiento, no fue un mártir, sino uno de los mayores PORTADORES DE LUZ. Las palabras «Yo soy el camino, la verdad y la vida» traducen bien la esencia de este gran mensajero del amor. Todas sus enseñanzas muestran el camino, transmiten la verdad y enseñan cómo llegar a la realización.

Con su ejemplo, nos enseñó que el camino de liberación para aquel que ha sufrido ofensas, incomprensión, insultos, rechazo o abandono pasa por el perdón. ¿Acaso no decía que necesitamos morir a nosotros mismos para nacer a la vida eterna? Es lo mismo que enseñaba Buda en su época y a su manera, y lo que tantos sabios, filósofos, religiosos y escritores han enseñado. Pero, aun así, necesitamos tener oídos para escuchar y ojos para ver. No hay más sordo que aquel que no quiere oír, ni más ciego que aquel que no quiere ver.

Jesús nos dejó como mandato: «Amaos los unos a los otros». Sin embargo, nos enseñaron: «Te olvidarás de ti mismo en favor del prójimo, como Jesús se olvidó de sí mismo por ti». Nuestras madres y abuelas, cuando decían: «He sacrificado toda mi vida por mis hijos», son un buen ejemplo de ello.

El mundo de mi infancia se ajustaba a esa dicotomía. Mi madre era el típico modelo de mujer generosa y valiente, que se olvidaba de sí misma por sus hijos (la madre santa descrita por los sacerdotes). Puesto que, en mi infancia, yo también era muy religiosa, opté por el clan de los generosos, es decir, por aquellos que se olvidan de sí mismos por los demás. Por nada del mundo hubiera querido ser egoísta.

Existen muchas formas de egoísmo, pero prefería creer que yo no lo sufría. De modo que trataba de estar siempre al servicio de aquellos a los que creía que podía ayudar, y me olvidaba de mí misma, a veces de un modo inútil. Si una amiga me comentaba lo mucho que le gustaba algo que yo tenía, me sentía obligada a dárselo. Conservarlo, según mi comprensión de las cosas, habría sido «egoísta». Cuando éramos niños y nos negábamos a prestar nuestros juguetes, a veces recibíamos la siguiente observación: «Mira qué egoísta que no quiere prestar su juguete...». Esto puede ayudarnos a comprender por qué hay tanta gente con problemas para decir no.

Esa necesidad de estar al servicio de los demás, a fin de ser amados, nos lleva gradualmente a desarrollar almas de salvadores. Y de esa forma atraemos a personas que adoptan la posición de víctimas. Ayudar a esas personas, que sólo buscaban la atención que su papel de víctima les reportaba, reafirmaba mi creencia de que no era egoísta. Sin embargo, mi pareja me reprochaba mi egoísmo. Y yo me preguntaba cómo podía pensar eso si me pasaba la vida ayudando a los demás y hacía todo lo que estaba en mis manos para que fuera feliz.

En realidad, esperaba que todo lo que yo hacía por él, él también lo hiciera por mí. Es decir, que dejara la política, que tanto tiempo le quitaba, para dedicarse más a mí; que estuviera en casa cuando yo tuviera ganas de estar con él, o que se interesara por mis libros y mis gustos, aunque a mí no me interesaban demasiado los suyos. De hecho, era más egocéntrica que egoísta. Conviene distinguir entre estos dos términos.

¿Qué es el egoísmo y qué el egocentrismo?

Definiría el egoísmo como una tendencia a pensar en uno mismo en detrimento de los demás. Tomemos el ejemplo de una persona que tira el contenido del cenicero de su coche en un lugar público. Para su satisfacción personal, ensucia el entorno de los demás. Esta contaminación del bien común también puede producirse bajo la forma de ruido, humo del tabaco, fábricas, etc. De modo que cada vez que dañamos la armonía de un bien común para obtener una satisfacción personal, actuamos de manera egoísta.

En cuanto al egocentrismo, lo definiría como una tendencia a dirigir todo hacia uno mismo, mediante la búsqueda de la propia satisfacción o las quejas sobre las propias insatisfacciones o desdichas.

Una persona egocéntrica desearía que el mundo que le rodea se sometiera a sus deseos y gustos. En cuanto sale de su umbral de tolerancia, el cual es muy limitado, critica, se enfada, pide una compensación o impone sus puntos de vista. Desea que todo sea como más le conviene; el volumen está demasiado alto o demasiado bajo, las explicaciones de un curso son demasiado extensas o se quedan cortas, hay mucha gente y pocas indicaciones, hay que esperar demasiado, la comida está fría, el servicio es muy lento, etc.

La persona egocéntrica con frecuencia adopta el papel de víctima. Sus frases expresan muy bien esa tendencia a centrar todo en sí misma y adoptar ese papel:

- Tú no me comprendes.
- Nunca tienes tiempo para mí.
- Nunca me escuchas.
- Los demás siempre pasan antes que yo.
- Siempre me dejas solo.
- Nunca me han querido.
- Nunca he tenido suerte.
- Siempre me pasa eso a mí.
- Los demás no saben lo que sufro.

La persona centrada en sí misma cree que es la única que sufre o ha sufrido. Si le dicen que no es la única, contestará: «No es lo mismo».

El egocentrismo pone de relieve la inmadurez del individuo. Un niño es egocéntrico por naturaleza, porque, en su estado de dependencia, sólo puede reclamar. El papel de los educadores es enseñarle a pensar en los demás. Pero cuando los propios educadores también son niños que no han crecido, ¿cómo pueden enseñarles a tener en cuenta a los demás?

La madurez se mide por la indulgencia hacia nosotros mismos y la gratitud que podemos sentir hacia los demás.

Así que cada vez que deseamos que las cosas sucedan como nosotros queremos, o que los demás actúen o cambien en función de nuestros deseos y expectativas para nuestra propia satisfacción personal, sin tener nada (o muy poco) en cuenta sus deseos, deberes o intereses, actuamos de manera egocéntrica o infantil. El egocentrismo, al igual que el egoísmo, no trae la felicidad. Casi siempre conducen a una gran soledad o a sentimientos de frustración, fracaso y desesperanza, que incluso pueden llevar al suicidio cuando la persona termina por pensar que nadie la comprende y que el mundo está en su contra.

La única solución para salir de las garras del egocentrismo es desarrollar una verdadera autonomía afectiva mediante el amor a uno mismo y la atención a los demás.

A veces, podemos confundir amarse a uno mismo con mimarse en exceso, y amar a los demás con el hecho de comprar el amor. Durante años, he sido ese tipo de persona que no se ama a sí misma. Sin embargo, muchos podrían haber pensado lo contrario, puesto que me regalaba todo lo que deseaba. Poseía muchos objetos en el ámbito material, pero sentía un gran vacío interior. Me faltaba una razón para existir, carecía de amor, sobre todo amor hacia mí misma. Era el típico ejemplo de persona que no se quiere.

Aquel que no se ama a sí mismo no cuenta con las personas que lo aman, y por eso busca constantemente pruebas de amor. Suele preguntar con frecuencia a quien cree amar: «¿Me quieres?». Y, aunque la otra persona le responda afirmativamente, siempre duda. Cuando dice «te amo», en realidad quiere decir «ámame».

Vive continuamente con miedo a que lo abandonen, y cada vez que se siente desamparado o incomprendido, le dice a quien cree amar: «Tú no me quieres, porque si me quisieras no harías eso, no dirías aquello o harías lo otro». Al rechazarse él mismo, termina por aislarse de los demás.

Cuando los demás aprecian a otra persona, él se siente despreciado. Si alguien dirige un cumplido a quien lo acompaña, pensará: «Debo de ser muy feo», y si hablan de lo creativo que es alguien que conoce, pensará que se sobreentiende que él no lo es.

Como duda de su propia valía, busca continuamente el reconocimiento de los demás. A menudo vive con miedo a que el resto descubra sus debilidades. Por esa razón lleva una máscara para ocultarse tras una fachada de apariencias.

Lo que ignora es que es mucho más hermoso que la imagen que trata de ofrecer a los demás. Desconoce que es digno de ser amado, porque nunca aprendió a valorarse. Posiblemente fue maltratado o denigrado en su infancia, lo cual le ha hecho creer que no es digno de recibir amor. A menudo es un niño herido dentro de un cuerpo adulto que busca el amor, pero que, al mismo tiempo, tiene miedo de éste. Por esa razón no se permite ser sociable. Pero cuando ama a alguien, pelea con todas sus fuerzas y se vuelve posesivo, desconfiado e incluso tiene celos de todo el mundo (hijos, amigos, ex parejas, etc.) o de cualquier actividad que podría alejarlo de la persona que ama. Con ese amor asfixiante, termina por hacer huir a aquel cuyo amor tanto desea.

Su falta de amor hacia sí mismo le hace transmitir el mensaje: «No soy digno de amor» y, con su actitud, transmite: «Estoy dispuesto a todo para que me ames; ¡incluso renegaría de mí mismo si es necesario!».

Una canción popular dice: «Habría vendido mi alma para que me amasen». ¿Qué no habría hecho yo para que me amasen? Comencé muy pronto a comprar el amor. De niña, me ocupaba de mi abuela, que estaba enferma, de los pobres y de obras humanitarias. Recibir un diploma de honor por haber participado en una obra humanitaria para mí significaba «ser digna de que me amasen». Más adelante, hice lo mismo con los pacientes crónicos del hospital donde trabajaba, o ayudaba a ciertos miembros de mi familia. Después, lo hice con los hombres de mi vida, a quienes quise ayudar para que me quisieran. Una parte de mí dudaba que pudieran amarme simplemente por mí misma, y por esa razón me creía obligada a hacer de más para recibir, en definitiva, muy poco. Como pensaba que sólo me merecía las migajas, no recibía más que eso.

En una relación de pareja, para estar con el hombre cuyo amor deseaba, hacía un 98% del camino, mientras que a él únicamente le pedía que diera un paso o me dijera palabras agradables. La mayor parte del tiempo, sin embargo, esas palabras nunca llegaban. Como había invertido un 98% y mi pareja un 2%, el resultado era que creía amarlo enormemente, mientras que él simplemente me apreciaba. Algunos de esos hombres a los que me empeñaba en conquistar me decían que hacía demasiado. Entonces, yo pensaba: «Si alguien hiciera tanto por mí, lo apreciaría en lugar de reprochárselo». Cuando viví exactamente lo contrario con un hombre que, al igual que yo, no se amaba a sí mismo, pude comprender el significado de que me diesen que hacía demasiado. Querían decir: «Ámate a ti misma un poquito para que yo pueda tener ganas de amarte».

Cuando no nos queremos a nosotros mismos, atraemos a personas que no nos quieren, pero cuyo amor deseamos recibir, o personas que están dispuestas a hacer cualquier cosa para obtener nuestro amor, pero a quienes no amamos. Y nos preguntamos: «¿Cómo es posible que cuando yo amo, ellos no me aman, y cuando no los amo, son ellos los que me aman?».

Serás amado en la medida en que te ames a ti mismo, y sólo podrás amar a los demás en esta misma medida.

¿Qué es amarse a uno mismo?

Cuando les pregunto a los participantes de mis seminarios cuáles son los dos primeros mandamientos, la mayoría sólo conoce el segundo, y aquellos que conocen el primero nunca lo han comprendido bien.

El primero dice: «Amarás al Señor, tu Dios, sobre todas las cosas, con todas tus fuerzas, toda tu alma y todo tu espíritu». El segundo: «Amarás a tu prójimo como a ti mismo».

¿Qué significa «amar al Señor, tu Dios, sobre todas las cosas, con todas tus fuerzas, toda tu alma y todo tu espíritu»? Significa amar la Divinidad que está en nosotros o nuestra parte divina. Cuanto más amemos esa Divinidad, más la haremos crecer, y, con ello, disminuiremos la personalidad que juzga, critica, compara, infravalora, hiere, denigra y tiene envidia o celos de los demás.

Todos nosotros somos, sin excepción, divinidades en potencia; no obstante, para manifestar esta divinidad, debemos crecer a fin de abandonar la corteza de nuestra personalidad, del mismo modo que la oruga ha de abandonar su capullo para convertirse en mariposa.

El segundo mandamiento transmitido por Jesús consiste en amar a nuestro prójimo como a nosotros mismos.

¿Cómo podemos amar a los demás si no tenemos ninguna consideración por nosotros mismos, si sólo vemos en nosotros defectos y carencias? ¿Cómo podemos amar a los demás si nosotros mismos mendigamos el amor? ¿Qué podemos dar si no nos damos nada a nosotros mismos? ¿Qué puede dar un recipiente vacío?

Amarse a uno mismo

Amarse a uno mismo es darse el derecho de ser como se es y de vivir las propias experiencias.

Amarse a uno mismo es pensar en uno mismo sin olvidar a los demás, y pensar en los demás sin olvidarse de uno mismo.

Amarse a uno mismo es respetarse.

Amarse a uno mismo es tratarse bien.

Amarse a uno mismo es sentir estima por uno mismo.

Amarse a uno mismo es darse aquello que puede hacernos felices.

Amarse a uno mismo es reconocer la propia valía.

Amarse a uno mismo es perdonarse los errores y liberarse de cualquier rencor que nos encadene.

Amarse a uno mismo es tratar de mejorar continuamente, para amarse cada vez más.

¿Cómo podemos amarnos a nosotros mismos?

La primera etapa consiste en aceptarse y apreciarse tal como se es.

Si un girasol quiere ser una rosa, será desdichado durante toda su vida. Pero si acepta ser un girasol, descubrirá toda la riqueza de su diferencia y será feliz.

Ejercicio: haz una lista de todos los aspectos que no aceptes de ti mismo.

Ejemplos:

- Tu peso.
- Tu estatura.
- Tu cabello.
- Tus piernas.

También pueden ser rasgos de tu carácter, como:

- Posesivo.
- Celoso.
- Desordenado.
- Disperso.
- Agresivo.

Ahora, piensa qué puedes hacer para mejorar esos aspectos de ti mismo.

Aceptar no significa apreciar, sino admitir o reconocer con el objetivo de enfrentar el problema o la situación. Ciertas personas obesas sólo se miran el rostro en el espejo, como si quisieran olvidarse del resto del cuerpo. Lo que no saben es que proyectamos todo aquello que rechazamos. Así que, cuanto más rechacen su peso, más evidente resultará éste.

Huir de un problema nunca nos trae la solución. Ignorar el exceso de peso no nos hará adelgazar. Si deseo liberarme de ese problema, debo comenzar por aceptar mi obesidad. Si estoy dispuesta a quererme completamente, lo haré de modo que pueda valorar mi totalidad, no sólo una parte de mí.

Lo que sucede con el peso también sucede con otros aspectos que rechazamos de nosotros mismos. Durante años, solían decir de mí que parecía *snob*. Un día, se lo comenté a la directora del centro de desarrollo personal al que acudía, y me dijo: «¿Y qué? ¡Tienes todo el derecho del mundo a parecer snob!». Jamás había pensado que tenía ese derecho. Trataba de defenderme en lugar de aceptarlo. Así que me di ese derecho. Lo más paradójico fue que, a partir del momento en que lo hice, no volví a oír a nadie decir que parecía *snob*. Además, descubrí que era mi miedo al rechazo el que me hacía adoptar ese comportamiento de superioridad. Al liberarme de ese temor, transformé esa actitud.

Si simplemente pudiéramos aceptar que todos los seres humanos tenemos cualidades que desarrollar y debilidades que superar, nos resultaría mucho más fácil aceptarnos a nosotros mismos. Pero, de alguna forma, pensamos que para que nos amen tenemos que ser perfectos. Los primeros de la clase, los más guapos, los más buenos o los más inteligentes con frecuencia son los preferidos. A veces nos sentíamos incapaces de llegar al primer puesto, y entonces nos rebelábamos contra los primeros y la autoridad, a la que calificábamos de injusta en su modo de distribuir el afecto y los cumplidos. Y, para colmo, siempre nos comparaban con los primeros:

- Mira las buenas notas que saca tu hermana.
- Tu prima es realmente guapa.
- Mira lo inteligente que es tu primo.
- Tu primo ha sido admitido en la facultad de medicina.
- Si quieres triunfar, haz como tu hermano.

Todas esas comparaciones han provocado en nosotros sentimientos de desvalorización, culpabilidad y competitividad.

A partir de hoy, adquiero la costumbre de decir: «*Tengo derecho a...*»:

- Tengo derecho a no estar siempre en forma.
- Tengo derecho a no estar de acuerdo.
- Tengo derecho a ser diferente.
- Tengo derecho a querer vivir a mi manera.
- Tengo derecho a pensar de otro modo.

Tienes derecho a ser todo lo que eres. Sin embargo, si te das cuenta de que tu actitud o alguno de tus comportamientos te cuestan tu felicidad o tus relaciones con los demás, sólo depende de ti buscar de dónde provienen y qué quieren expresar, y emprender un proceso de transformación que te sea favorable.

Al igual que nosotros, los demás también tienen derecho a ser como son, aunque eso no siempre significa que me convenga. Por ejemplo, el otro tiene derecho a mostrarse agresivo, pero yo también tengo derecho a vivir en paz y armonía. En ese momento, dejo de querer cambiar al otro, pero opto por ser yo misma y por vivir lo que me corresponde, y entonces actúo por amor a mí misma.

Ganarse la propia estima

Ahora, haz una lista con al menos diez cosas por las que puedes felicitarte.

Apreciarse a uno mismo consiste en felicitarse en lugar de denigrarse y menospreciarse. Algunas personas hablan mal de sí mismas con mucha frecuencia, pero no soportan recibir la más mínima crítica.

Nos enseñaron: «No hagas a los demás lo que no quieres que te hagan». Sin embargo, nunca nos enseñaron: «No te hagas a ti mismo aquello que nunca harías a los demás». Esta verdad prevalece si queremos respetar el gran mandamiento de amar a los demás como a nosotros mismos.

¿Cuántas veces has dicho o pensado: «Prefiero sufrir yo antes que ver sufrir a otro»? Esas palabras pueden traducirse como: «Los demás son mucho más importantes que yo, merecen ser más felices que yo».

Si no nos amamos a nosotros mismos, ¿cómo vamos a pedir a los demás que nos amen? Con lo que nos hacemos, autorizamos a otras personas a que también nos lo hagan, tanto para bien como para mal. Si nunca pensamos en nosotros mismos y si nos olvidamos de nosotros mismos en favor de los demás, ellos nos olvidarán.

Una alumna me confesó: «Me he pasado la vida pensando en mi marido y mis hijos. Cada vez que traía un hijo al mundo, ¡lo que habría dado por que mi marido me regalara unas flores! Pero jamás me las regaló». Le pregunté: «¿Nunca se te ha ocurrido llamar por teléfono a la florista para que te las envíe?». Mi pregunta le sorprendió mucho.

No, nunca se le había ocurrido, porque creía que amar era olvidarse de sí misma para pensar sólo en los demás, y que pensar en uno mismo equivalía a ser egoísta. Sin embargo, si se hubiera regalado el ramo de flores que tanto deseaba, su corazón se habría llenado de alegría para recibir a la nueva vida, en lugar de tristeza. Y su marido, al verla feliz con las flores, tal vez se las habría regalado en una siguiente ocasión.

Todo comienza por uno mismo. El mundo que nos rodea es nuestro espejo.

Autorizas a los demás a hacerte todo lo que te haces a ti mismo, y así:

- Si te juzgas o criticas, los demás también lo harán. Antes de decir que él o ella te critican constantemente, comprueba si tú no te criticas a ti mismo. Si ése es el caso, vuélvete más tolerante contigo mismo y verás como los demás te muestran más indulgencia.
- Si te haces reproches, los otros también te los harán. Si, además, te sientes culpable, los reproches de otras personas intensificarán el efecto de la censura que te infliges. Como dijo Eleanor Roosevelt: «Nadie puede hacerte sentir inferior sin tu consentimiento».
- Si no escuchas tus sentimientos, nadie los escuchará.
- Si no ocupas el lugar que te corresponde, nadie te lo ofrecerá.
- Si no sientes demasiada estima por ti mismo, ¿cómo puedes esperar que los demás la sientan por ti?
- Si no confías en ti mismo, ¿cómo puedes esperar que otra gente confíe en ti?
- Si te abandonas continuamente, no puedes culpar a los demás de que abandonan.
- Si no te respetas, no puedes acusar a los demás de faltarte al respeto.

Pero también es cierto a la inversa:

- Si te amas a ti mismo, los demás te amarán.
- Si piensas en ti mismo, los demás pensarán en ti.
- Si te tratas con respeto, los demás te respetarán.
- Si te aprecias, los demás te apreciarán.
- Si eres honesto contigo mismo, los demás serán honestos contigo.

- Si eres bueno y amable contigo mismo, los demás te tratarán con amabilidad.
- Si eres indulgente contigo mismo, los demás también lo serán contigo.
- Si tienes confianza en ti mismo, los demás confiarán en ti.

¡Qué no habría dado yo, en otra época, por sentirme amada, cuando la solución era tan sencilla! ¡Simplemente se trataba de amarme a mí misma! Mi primera etapa fue aceptarme tal como era y aprender a apreciarme. Me di el derecho a ser todo lo que era: parecer *snob*, tener miedo al rechazo, ser posesiva, agresiva en ocasiones, pero también dulce, comprensiva, inteligente, valiente, etc. Afrontaba de uno en uno los aspectos que me resultaban menos favorables. Me felicitaba por cada pequeña victoria sobre mis miedos y debilidades, y me animaba a superarme. Y todavía lo hago.

La segunda etapa consiste en darse todo aquello que más pueda contribuir a nuestro bienestar y felicidad.

Había entendido que el amor era LA ENTREGA DE SÍ MISMO. Pero no había comprendido que, de entrada, era una ENTREGA A SÍ MISMO. Con esa idea, al igual que muchos, y con el objetivo de que me amasen, asumía más responsabilidades de las que habría pedido a los demás. Me entregaba totalmente hasta que, vacía, sólo tenía un deseo: dejarlo todo y marcharme. Un amigo me hizo una descripción bastante acertada de esos estados. Me definió como una persona muy atenta a las necesidades de los demás, pero que, cuando esas personas se volvían demasiado pesadas o numerosas, montaba en mi globo aerostático y desaparecía. Si sólo sabemos dar, tarde o temprano nos encontraremos vacíos. ¡Cuántas personas agotadas he recibido en mi consulta! Gente que no sabía que tenía derecho a pensar en sí mismas.

Cuando estamos vacíos, no tenemos nada más que dar. Ofrecernos aquello que puede contribuir a nuestro bienestar físico, mental, emotivo y espiritual es esencial. Cuanto más felices seamos, más se beneficiarán los demás de ello.

> ***Quien se ama a sí mismo sabe satisfacer sus verdaderas necesidades, y, precisamente por ello, le queda suficiente energía para amar a los demás.***
>
> ERICH FROMM

Marcel es abnegado

Marcel es una de esas personas. Padece un cáncer de esófago. Cuando tiene once años, su hermana pequeña, que sufría y lloraba continuamente, termina por fallecer con sólo cuatro meses. Marcel habría querido aliviar a la pequeña. Cuando tiene trece años, es su hermano pequeño, de cinco años, quien muere de una pulmonía. Marcel ve llorar por primera vez a su padre. De nuevo, el sentimiento de impotencia ante el sufrimiento se apodera de él. Consagra toda su vida al servicio de los demás y de su comunidad, y con mucha frecuencia redobla sus tareas. A los cincuenta y dos años, totalmente agotado y después de haber hecho tanto por su comunidad, solicita su bien merecida jubilación. Entre las actividades que abandona está la de director de una coral muy valorada. Los miembros de la coral le dicen que ahora no puede dejarlos, que si se va el grupo corre el riesgo de desaparecer, etc. Sintiéndose responsable, continúa en ella, a pesar de estar muy fatigado. Como no piensa en sí mismo, nadie piensa en él. Inconscientemente, la enfermedad se convierte en su única oportunidad para darse el descanso que tanto necesita.

Marie y la impotencia

Marie tiene tres años. Su madre padece problemas hepáticos que la obligan a ir al médico con frecuencia. Durante el día, Marie está a solas con su madre y presencia impotente el sufrimiento de ésta. Cierto día, una tía suya le dice: «Pórtate bien, que vas a matar a tu madre». La pequeña ya no necesita nada más para sentirse culpable de la enfermedad de su madre, además de desarrollar un sentimiento de impotencia frente a su sufrimiento.

Estas personas, a veces, se preguntan cómo es posible que puedan ayudar a tantos y, sin embargo, sentirse impotentes ante el sufrimiento de aquellos a los que más desearían ayudar.

Son muchos los que se sienten culpables de descansar. Tienen la impresión de perder el tiempo u holgazanear si lo hacen. Un día, un amigo me dijo: «Claudia, si encontraras un apartamento más barato, no necesitarías trabajar tanto». Estaba convencida de que el dinero era energía, y de que, si tuviera un apartamento menos caro, ganaría menos dinero. Entonces, me pregunté por qué me esforzaba tanto. Y finalmente comprendí. De niña, veía que mi madre trabajaba de la mañana a la noche sin descanso. Trabajar duramente era mi manera inconsciente de hacer justicia con ella por haber trabajado tanto por sus hijos. Me sentía culpable cuando descansaba o incluso cuando miraba la televisión, lo cual me parecía una pérdida de tiempo. Comprendí que mi madre había aceptado la idea de que, para ser una buena cristiana, debía sacrificarse por sus hijos. Y eso era precisamente lo que ella atraía: sacrificios. También comprendí que el fardo que yo cargaba no aligeraba en nada el peso que mi madre había soportado. Y, además, me arriesgaba a transmitir a mis propios hijos la idea de que «la vida es difícil y uno no puede parar hasta que se muere».

Lisette quiere hacerse cargo de la tristeza de su madre

Lisette quiere aliviar el sufrimiento de su madre, que tiene una fuerte tendencia depresiva. A menudo la ve llorar y se da cuenta de que es profundamente desdichada. Cuando Lisette tiene doce años, su madre se queda embarazada de su quinto hijo, algo que no acepta en absoluto. Se siente sin fuerzas para criar a otro hijo. Cuando el niño nace, Lisette deja el colegio para ocuparse de su hermano y ayudar así a su madre. Con el paso de los años, Lisette se vuelve melancólica y experimenta episodios de depresión sin poder explicarse el porqué. A los veintisiete, cuando el niño que ha criado ya tiene cierto grado de autonomía, se casa con un hombre bueno y atento que la quiere mucho. Es entonces cuando su tristeza y sus depresiones se intensifican sin ningún motivo aparente.

Cuando la conocí, ya había pasado por un primer intento de suicidio. Sin embargo, tenía todo lo necesario para ser feliz: un buen marido que la adoraba, unos hijos encantadores, un empleo que amaba y holgura económica. Inconscientemente, Lisette deseaba asumir la tristeza y las depresiones de su madre, y ayudarla como había hecho cuando se ocupó del niño que ella se sentía incapaz de criar.

En mi consulta me he encontrado con varias historias similares. Recuerdo especialmente a una persona afectada de distrofia muscular que me contó cómo había empezado su enfermedad. Durante una o dos noches en las que su hija pequeña tuvo una crisis de asma, pensó que la niña iba a morir. Entonces, rezó fervorosamente: «Dios, toma mi salud, y dásela». Tras esa noche, empezó a sentirse mal y poco a poco comenzó a desarrollar la distrofia muscular. ¿Le había quitado Dios la salud para dársela a su hija? No, lo hizo su propia creencia, que actuaba a través de su subconsciente. Me dijo: «Cuanto mejor está mi hija, más me marchito yo». Esta mujer quería comprender, pero no deseaba curarse, porque creía que, si ella se curaba, su hija podía morir.

Muchas personas se afligen, se trastornan o enferman cuando ven padecer a un ser querido. ¿Acaso eso puede ayudar a quien sufre? En absoluto. Es todavía peor, puesto que quien sufre debe vivir con su propio sufrimiento y el de aquellos que le rodean.

¿Habría podido Lisette hacer desaparecer la tristeza y las depresiones de su madre? No. Sin embargo, se arriesgaba a intensificarlas, porque su madre habría podido pensar que ella era la responsable de las depresiones de su hija a causa de su influencia.

Un ahogado no puede socorrer a otro ahogado. Se necesita ser fuerte para ayudar a alguien que está débil. Debilitarse porque el otro está débil es absolutamente inútil.

Ciertas personas se privan de darse a sí mismas aquello que desean porque su entorno no puede ofrecérselo. Una vez más, esto no ayuda a nadie. Otros dan a los demás aquello que desearían para sí mismos. Compran para una amiga o un ser querido algo que a ellos mismos les encantaría tener. Es el tipo de individuos que guardan los mejores cubiertos y manteles para sus invitados, con quienes se comportarán servilmente. ¡Si al menos pudieran tratarse como a un invitado en su propia casa!

A partir de hoy, trátate como lo harías con tu mejor amigo.

Cada vez que digas cosas poco elogiosas sobre ti mismo, pregúntate: «¿Le diría eso a mi mejor amigo?».

El ejercicio que te propongo para esta fase es que, antes de tomar cualquier decisión, te digas: «Si me amo...»

- Si me amo, ¿pensaré en mí o me olvidaré de mí mismo?
- Si me amo, ¿me regalaré eso o aquello?
- Si me amo, ¿voy a aceptarme o a rechazarme?
- Si me amo, ¿voy a trabajar todo el sábado o me voy a regalar un buen día con mi familia?

Sin embargo, recuerda que amarse es pensar en uno mismo sin olvidarse de los demás, porque si no tienes en cuenta al resto, tu felicidad será muy breve. Aprende a afirmar tus necesidades con amor, en lugar de reivindicarlas con cólera o imponérselas a los demás con intransigencia.

La tercera etapa consiste en no esperar la felicidad de los demás. Esperar que otras personas sean felices es poner nuestra felicidad en sus manos.

Imagina que necesitas un medicamento esencial para tu supervivencia y se lo confías a tu pareja. ¿Cómo te sentirías si un día no llega a casa a la hora prevista, le sucede cualquier cosa, se olvida de ti o fallece? Con toda seguridad, eso supondría tu muerte. Pero, si tú guardas tu medicamento, tu vida no se verá amenazada, independientemente de lo que le ocurra a tu pareja. Muchos todavía no han cortado el cordón umbilical, pero lo han transferido a otra persona, creando así un vínculo de dependencia con ella. Ésa es la razón por la que están dispuestos a hacer cualquier cosa para que el vínculo perdure. Si éste se rompe, tienen la impresión de que ya no pueden vivir, como un niño que depende enteramente de su madre para sobrevivir. Cuando vivimos una situación de dependencia, atraemos a personas que son dependientes como nosotros. En la mayoría de los casos, las formas de dependencia son diferentes, pero se complementan entre sí. Por ejemplo, ella es dependiente en el plano afectivo, mientras que él lo es en el plano económico, o ella es dependiente de sus hijos, y él de su madre, etc.

De ahí la importancia de desarrollar nuestra propia autonomía. Cuando ponemos nuestra carga en otra persona, nosotros cargamos con la suya, que tal vez sea demasiado pesada.

A partir de hoy, asume la entera responsabilidad de tu felicidad al aceptar que:

- Tú éxito depende únicamente de ti.
- No tienes necesidad de agradar a todo el mundo.
- No necesitas la aprobación de los demás para actuar o estar satisfecho contigo mismo.
- Tienes derecho a avanzar aunque los otros no quieran moverse.
- Lo que tú tienes no quita nada a los demás.
- Sufrir por otros no aligera sus dificultades o sufrimientos.
- Los demás son los únicos responsables de su felicidad, y esto significa que, hagas lo que hagas, jamás podrás hacer feliz a una persona que no quiere serlo.
- Los demás pueden vivir situaciones emocionales sin que eso te afecte.
- Destruir tu vida no te redime de las faltas cometidas.
- Negarte a vivir no resucita a la persona fallecida.
- Los demás pueden ser, pensar y actuar de un modo diferente a ti; lo que importa es lo que tú eres y piensas de ti.

Enorgullécete de ti mismo. Avanza hacia donde quieres dirigirte. Ofrécete aquello que deseas. Haz que cada instante de tu vida sea un éxito de alegría, asombro y paz. De ese modo, avanzarás en el sendero de la verdadera felicidad. El otro o los otros son como el postre. Si estás bien alimentado, no dejas que nadie te manipule con un postre, y, si te lo dan, no lo devoras como un hambriento. Como no estás hambriento, puedes elegir mejor el postre que desees y apreciarlo más. Y así podrás vivir en armonía contigo mismo y los demás.

¿Dónde estás, felicidad?

Si no encuentras la felicidad,
puede ser que la estés buscando en otra parte,
no en tus zapatos...
no en tu hogar.
Según tú, los demás son más felices,
pero no vives en su casa...
Olvidas que cada uno tiene sus preocupaciones,
y es posible que sean peores que las tuyas.
¿Cómo puedes amar la vida
si tu corazón está lleno de envidia,
si no te amas,
si no te aceptas?
El mayor obstáculo a la felicidad, sin duda,
es soñar con una demasiado grande.
Sepamos recoger la felicidad con cuentagotas.
Son las pequeñas gotas las que forman los océanos.
No busquemos la felicidad en nuestros recuerdos,
ni tampoco en el futuro.
Busquemos la felicidad en el presente:
allí y únicamente allí nos espera.
La felicidad no es un objeto
que podamos encontrar fuera de nosotros.
Sólo es un proyecto que sale de nosotros
y se realiza en nuestro interior.

Aprendo a amarme

No existen los vendedores de felicidad.
No existen máquinas de felicidad.
Existen personas que creen en la felicidad.
Son aquellos que se la construyen.
Si tu reflejo en el espejo te desagrada,
¿de qué sirve romper el espejo...?
¡No es eso lo que hay que romper,
sino que eres tú mismo el que necesita cambiar!

CHARLES E. PLOURDE

9

Aprendo a amar a los demás

> *La necesidad de amor es la piedra angular de la existencia humana. Es resultado de la profunda interdependencia que compartimos unos con otros.*
>
> DALAI LAMA

El «amor» es un sentimiento profundo que eleva las vibraciones de la persona que se alimenta de él. El amor transforma, embellece, rejuvenece, aporta alegría, paz y felicidad. Lamentablemente, esta gran palabra, casi sagrada, ha sido bastante degradada.

En francés, el verbo *aimer* se utiliza para describir una gran multitud de sentimientos diferentes, tanto para expresar aficiones o preferencias como sentimientos.

En inglés, hay dos términos: *to like* y *to love*. El primero se usa para aquello que nos gusta de un modo general, mientras que el segundo se emplea cuando hablamos de amor con relación a una persona querida.

Los griegos utilizaban tres palabras para referirse al amor: *Éros*, de donde viene la palabra «erótico», y que hace referencia al amor relacionado con la atracción por la belleza de las formas, además de la sensualidad y la sexualidad; *Philos*, de donde viene el vocablo «filosofía» –que significa amigo de la sabiduría–, es el amor por el conocimiento y la ciencia (de *philos* también proviene el prefijo *fil*, como en el término «filantropía», que se emplea para designar el amor por las personas), y por último *Agape*, que hace referencia a la forma de amor en el que intervienen los sentimientos, el equivalente del verbo amar en español o *to love* en inglés.

Amar a alguien es hacerle un lugar en nuestro corazón

Tal vez necesitemos experimentar diferentes expresiones del amor para descubrir aquel que nos eleva y transforma, al que podríamos llamar el amor verdadero.

Las diferentes expresiones del amor

El amor dependiente

El amor dependiente es un amor infantil. Se trata de la primera forma de amor que experimentamos, el que siente un niño hacia sus padres. Cuando este amor ha sido satisfecho, es decir, cuando el niño se ha sentido verdaderamente amado, puede experimentar otra forma de amor. Pero si esa necesidad no ha sido colmada, persistirá para tratar de satisfacerse. Ésa es la razón por la que la persona que experimenta esta expresión del amor buscará en la pareja el afecto y la ternura que no ha recibido de su madre o el amor protector de un padre que no ha desempeñado su papel.

El amor dependiente es, con mucha frecuencia, un amor pasional, también llamado «amor loco», que se nutre de las conquistas y el olvido de uno mismo. El enamorado está dispuesto a todo para sentirse amado por la persona cuyo amor desea.

Esta forma de amor, en la mayoría de los casos, da lugar a la posesividad, los celos, el temor a ser abandonado y la desesperanza cuando la otra persona se va. Muchas tentativas de suicidio o crímenes pasionales tienen como origen esta forma de amor.

Así se expresan el amor pasional (infantil) y el amor maduro:

- El amor pasional: «Tú eres toda mi vida».
- El amor maduro: «Eres importante para mí, pero no mi único interés en la vida».

- El amor pasional: «No puedo vivir sin ti».
- El amor maduro: «Me siento feliz de poder compartir estos momentos contigo».

- El amor pasional: «Si me dejas, me muero».
- El amor maduro: «Si decides marcharte o si tienes que hacerlo, te llevaré en mi corazón y te desearé lo mejor en tu camino».

En mi libro *Guérir les blessures de son passé* (Sanar las heridas de su pasado), escribí: «Una persona afectivamente dependiente no es una persona en condiciones de ser amada, es una persona a la espera de ser amada».

Tras la publicación de ese libro, un lector me dijo que estaba de acuerdo con todo lo que había escrito, a excepción de esa frase, que, según él, no era precisa.

Habría podido escribir: «Una persona afectivamente dependiente cree que ama, pero, en realidad, sólo trata de hacerse con el amor que no ha recibido y que no puede darse a sí misma». ¿Habría comprendido mejor así?

Sólo cuando alcanzamos una cierta madurez afectiva podemos verdaderamente compartir el amor con otra persona. ¿Qué puede ofrecer una jarra vacía que está a la espera de que la llenen? No podrá dar nada mientras no reciba. La persona afectivamente dependiente puede compararse con una jarra resquebrajada que debe llenarse continuamente; sus grietas afectivas explican su insaciable necesidad de amor.

El amor romántico

El amor romántico es la forma de amor más buscada, especialmente por la mujer. Los cuentos de hadas, las novelitas rosas, las telenovelas, las canciones de amor y las películas románticas han contribuido a idealizar esta forma de amor. Con el amor romántico se produce una desvinculación temporal de la realidad, un estado de idealización en el que se coloca al ser amado sobre un pedestal. Enamorarse, a veces, puede equipararse a caer en una ilusión que nos hace ver y escuchar aquello que deseamos.

Muchas mujeres sueñan con un atractivo príncipe que las llevará al maravilloso país del romanticismo. Cuando están con su príncipe, son unas bellas princesas maquilladas que lucen una hermosa sonrisa y una mirada resplandeciente. Este romance puede prolongarse hasta la luna de miel, e incluso un poco más. Pero llega un momento en que la princesa se transforma en una mujer saturada por sus responsabilidades que se preocupa mucho menos de su aspecto. Ya no tiene que conquistar a su príncipe y vive a su lado. Él, por otra parte, se muestra menos atento con su princesa. Gradualmente, ella comienza a encontrarlo aburrido y menos accesible que antes, mientras que él la encuentra menos seductora que cuando eran novios y comienza a verla como un incordio cada vez que le dice que no deje los calcetines por el suelo. Cuando salían juntos, a ella no parecía importarle el estado de su apartamento. Incluso le parecía divertido abrirse camino entre el desorden para llegar a la cama y satisfacer sus pasiones.

Si esta pareja busca el amor romántico, es más que probable que viva profundas frustraciones. Éstas pueden dar origen a relaciones extraconyugales, en las que se tenderá a recrear con otra persona el amor romántico, mediante citas secretas en las que lo imprevisible estará muy presente, mientras que en la vida de pareja, la rutina se instala tarde o temprano.

El amor romántico podría definirse como un amor pasajero y superficial, aunque emocionalmente muy intenso. Una vida de pareja en evolución no puede basarse en ese tipo de amor, porque es muy poco realista. Aunque, por supuesto, en ciertos momentos puede teñirse de romanticismo.

El amor erótico y el flechazo

Este amor es la búsqueda de la gratificación de los sentidos; el acento se pone en la belleza y la atracción sexual: «¿Has visto ese tío tan guapo?» o «¡Parece una auténtica belleza de Hollywood!».

Cuando Marc conoció a Mireille, fue un auténtico flechazo. «Me enamoré inmediatamente de Mireille cuando la vi por primera vez. Era tan *sexy*, atractiva y guapa que perdí la cabeza», dijo él. Casado y padre de dos hijos, solicitó el divorcio al poco tiempo de conocer a Mireille. Menos de un año después de haberse casado con ella, comenzó a tener aventuras con otras mujeres porque su fuego se apagaba día a día. Le reprochaba su pequeña barriga y los rastros de celulitis, a pesar de que, al principio, a sus ojos era perfecta. Su amor estaba vinculado a la perfección de la belleza, y, cuantos más aspectos desagradables descubría en ella, más disminuía la intensidad de su amor.

Ciertas mujeres tienen tanto miedo a que las amen únicamente por su apariencia física que se niegan a estar guapas o a arreglarse. Otras, por el contrario, se obsesionan con su aspecto y olvidan que no es su apariencia lo que les permitirá vivir una hermosa relación de pareja, sino lo que puedan compartir con su compañero.

El amor socialmente gratificante

El amor socialmente gratificante consiste en buscar uno o dos pretendientes que realcen nuestro valor. Podemos adoptar el papel de don Juan o de mujer fatal y rodearnos de pretendientes a los que apartaremos con la mano. Esta forma de pseudoamor se basa en la satisfacción del ego, que piensa: «Puedo tener todos los amantes que quiera; por lo tanto, soy irresistible».

También puede ceñirse a una sola pareja, quien, por sus títulos, dinero, profesión o incluso color de piel, nos hace sentir que somos más valiosos.

- Mi mujer es una gran actriz.
- Soy la esposa del doctor Untel...
- Mi mujer trabaja en el consulado francés.
- Mi marido es abogado.

Es el tipo de amor que muchas madres esperaban secretamente para sus hijas. Recuerdo el comentario de mi madre cuando conoció al hombre que iba a convertirse en mi marido. Cuando él se fue, me dijo: «¡Claudia, éste sí es un buen hombre!». Sin duda pensaba en los chicos que mi hermana y yo le habíamos presentado anteriormente. Sorprendida por su comentario, debí de adoptar una mirada interrogadora, porque continuó: «¡Llevaba un buen traje!». ¿Acaso no hablábamos de encontrar un buen partido? Me casé con él: un buen partido para complacer a mi madre, para que estuviera orgullosa de mí. Creo que en aquella época necesitaba más el amor de mi madre que el de un marido.

Este amor socialmente gratificante nos hace adoptar un papel en el que tratamos de salvar las apariencias. Queremos hacer creer a nuestro entorno que somos felices cuando, en realidad, no lo somos. Si nos sentimos desdichados, ni un Jaguar ni un collar de diamantes podrán consolarnos.

El amor maternal

El amor maternal es la forma de amor que adoptan aquellos que tienden a tratar maternalmente al otro. Esta modalidad está siempre plagada de buenos consejos y pequeños detalles. El miembro de la pareja que trata maternalmente al otro le elegirá sus ropas, le lavará el pelo o le llevará una cucharada de jarabe al menor de sus tosidos. Es como la madre que nos prepara nuestro plato preferido, que comprueba en la nevera si tenemos suficientes alimentos para la semana y que se apresura a llenárnosla con sus deliciosas comidas, incluso aunque le hayamos dicho que nunca comemos en casa. Es una forma de amor en la que la persona busca controlar sutilmente al otro en nombre del amor. Los «deberías» y «no deberías» son muy frecuentes. Esta modalidad de amor, a la larga, siempre termina por resultar asfixiante y dominante, y eso explica por qué los hijos de mujeres que aman así viven reaccionando a sus madres o buscan continuamente pretextos para alejarse de ellas.

Ciertos terapeutas experimentan también este tipo de amor hacia sus pacientes. Una de mis alumnas, que también es terapeuta, me reprochó que hubiera tirado la toalla con otra alumna que llevaba unos meses de terapia conmigo. Me dijo: «Yo quiero a esas personas que sufren. Cuantos más problemas tienen, más las quiero». Con frecuencia, el motivo que lleva a alguien a adoptar ese tipo de relación es su deseo inconsciente de poseer al otro para asegurarse su fidelidad. Eso puede conferirle cierto sentido a su vida, e incluso una razón de ser, que puede traducirse en: «Si los demás me necesitan, puedo vivir».

La esencia de este amor es ayudar al niño a crecer y a desvincularse a fin de que pueda alcanzar su total independencia. Mantenerlo en esta relación de dependencia no es amarlo; es querer poseerlo con el propósito de satisfacer las propias carencias.

En terapia, el amor maternal es esencial para acoger al niño herido del paciente. Pero, en cuanto el niño está tranquilo y el adulto ocupa su lugar, el terapeuta debe reafirmar esa transición, es decir, devolver al paciente la responsabilidad de ayudarse a sí mismo. Porque, por naturaleza, el amor maternal implica una desigualdad de roles; uno está a merced del otro a causa de sus necesidades.

El amor paternal

El amor paternal es la modalidad de amor que adopta aquel que tiende a sobreproteger al otro. El miembro de la pareja que ama paternalmente verificará si su protegido lleva dinero suficiente cuando sale, si su coche tiene bastante gasolina, etc. Se adelantará a su pareja para ocuparse de una multitud de detalles que aquélla podría hacer por sí misma, como comprarle su billete de tren, hacerle la compra, etc. La persona que manifiesta este amor paternal halla su recompensa al responder de esa forma a las necesidades del otro, porque esa actitud le hace sentirse valiosa, importante o indispensable para el otro, lo cual la lleva a experimentar cierto sentimiento de superioridad que, a menudo, compensa uno de inferioridad oculto.

Esta forma de amor puede ser muy agradable al principio, sobre todo para quienes no han tenido la protección de un padre o se han visto obligados a asumir solos muchas responsabilidades. «¡Finalmente ya puedo descansar sobre el hombro de mi compañero, que toma el relevo», se dice. Pero por muy agradables que resulten al principio estas relaciones, tarde o temprano terminan por crear en la persona protegida la sensación de estar en una jaula de oro. Y una jaula, aunque sea de oro, no deja de ser una jaula.

Esta forma de amor, al igual que el maternal, cuando se expresa hacia una persona adulta, termina por infantilizarla o infravalorarla, además de destruir gradualmente su confianza, una confianza que le permitiría emanciparse para poder echar a volar. Se trata, en definitiva, de una forma de amor centrada en el ego.

El amor racional

El amor racional se caracteriza por la búsqueda de una pareja que cumpla el mayor número de requisitos. Por ejemplo, esa persona debe provenir de tal entorno social, ser de determinada religión, pertenecer a tal rango social o tener ciertos estudios. Si los sentimientos no intervienen, esto puede dar lugar a bodas de conveniencia. En algunos países, como la India, esta forma de amor es muy frecuente. Pero allí son los padres quienes eligen el cónyuge para su hijo o hija. Le muestran al pretendiente una foto de la persona elegida o le cuentan lo que saben de su forma de ser, etc. El otro puede negarse al encuentro. Si acepta, verá a su futuro cónyuge una o dos veces antes de la boda. He observado que cuanto más acomodada sea la familia, más probabilidades hay de que esas parejas sean felices.

Esto probablemente se explica por la educación y la preparación que cada uno recibe, puesto que, en las familias pobres, la falta de formación y la pobreza pueden transformar al hombre en un tirano.

El amor racional, si no elimina los sentimientos, es en sí mismo un amor realista y más maduro que los anteriores. Se basa por encima de todo en los valores sociales y culturales compartidos. Más que de amor, podríamos hablar de respeto mutuo y respeto a las tradiciones familiares o sociales, que se observa con frecuencia en las uniones en que los padres eligen el futuro marido de su hija o la futura esposa de su hijo.

El amor amistoso

El amor amistoso nace, generalmente, muy poco a poco. Cada uno aprecia la presencia del otro, los prolongados intercambios de confidencias, la ayuda que se prestan mutuamente. Esta forma de amor se desarrolla, por lo general, sin fricciones, por lo que es emocionalmente tranquila. Cada uno se siente recompensado. La relación tarda bastante en adquirir un tinte sexual y no es infrecuente que la sexualidad esté poco presente o incluso ausente. En este tipo de relación, los miembros de la pareja son, por encima de todo, amigos. En general, son las relaciones más estables y prolongadas. Carecen de pasión, pero la seguridad afectiva y la libertad priman sobre la necesidad de esa pasión. Se exigen poco mutuamente porque, a causa de su sólida amistad, no temen que vayan a separarse. Si uno de ellos tiene una aventura de una noche, el otro pasará página fácilmente, porque en esta forma de amor el respeto a la libertad del otro está siempre presente. Sin embargo, por cuestiones de evolución personal, a veces la necesidad de cambio puede llevarlos a separarse. Entonces, no dejan de ser grandes amigos y aceptan la separación sin ninguna dificultad por el beneficio del otro.

El amor que nos hace crecer

El amor es una fuerza de atracción. Sin esa atracción, ninguna forma de amor sería posible. No entablamos amistad con quienes no nos atraen, ni tampoco podríamos ofrecerles nuestro amor. Esa fuerza de atracción es la que mantiene cohesionado el universo. Dice el Génesis: «Al principio, Dios creó el cielo y la tierra». El cielo, desde el punto de vista taoísta, representa la parte yang, el equivalente masculino, y la tierra el yin, el equivalente femenino. Y es a través de la fusión de ambos como logramos la unión que da origen a un tercer elemento. Cuando el calor del sol calienta la tierra, obtenemos como resultado la humedad. Ésta, una vez condensada, se convierte en lluvia, que fecunda la tierra, lo cual nos trae el verdor. Vemos que siempre es la unión de dos fuerzas complementarias la que da origen a todas las manifestaciones de la tierra y el universo. Sin la fuerza de atracción ninguna unión sería posible, y, en consecuencia, no habría creación.

El amor es la mayor fuerza de atracción. Observemos a dos seres que se aman. Cuanto más fuerte sea su amor, más entrará en juego esta fuerza y más deseos tendrán de ser uno mediante el acto sagrado de la sexualidad.

Si comprendemos bien esta realidad, entenderemos que el amor es una ley de intercambio que se produce mediante las acciones de dar y recibir. Lo masculino, por naturaleza, da. El cielo hace referencia al sol, que ofrece su luz y calor a la tierra. Por esa razón asociamos al padre con el sol. «Padre nuestro que estás en los cielos», dice el padrenuestro de los cristianos. La tierra es la parte femenina, la que recibe y crea, y por ello hablamos de nuestra «madre» tierra.

En este flujo continuo de intercambios, ajustado al metrónomo de la vida, reside el equilibrio, que es la armonía. Cuando alteramos ese movimiento, nos vemos afectados en diferentes grados, y, en el peor de los casos, es nuestra perdición. Ese movimiento consiste en tomar y soltar, al igual que respirar implica inspirar y espirar, algo vital que hacemos de manera instintiva.

El aire que respiramos es amor. Debemos devolverlo para adaptarnos al movimiento de la vida y el universo. ¿Qué sucedería si alguien, por miedo a no recibir más, no quisiera soltar el aire que ha inspirado? Con toda seguridad, eso supondría su muerte.

También el sol es amor; nos ofrece su calor y su luz. Observemos cómo la naturaleza se abre y resplandece de belleza cuando el sol la inunda con sus rayos. El girasol es un ejemplo excelente, puesto que se mueve en dirección al sol. Es la forma que tiene la naturaleza de devolverle al astro lo que le ha dado. Incluso el gato, cuando se tumba al sol, le devuelve lo recibido mediante el agradecimiento que le ofrece. El ser humano resplandeciente o radiante es aquel que devuelve al sol aquello que recibe de él. Y por esa razón irradia belleza y salud. El dinero, los frutos y los bienes materiales también forman parte de esta ley de intercambio. Por ello, cuanto más generosa es una persona, más recibe. Si alguien, a causa de su pobreza o de la lástima que inspira, se limita a recibir y no devuelve nada, será cada vez más pobre. Hasta la persona más indigente tiene siempre algo que ofrecer (aunque sólo sea una sonrisa o una flor silvestre).

Pasé algún tiempo en la India y allí pude observar a los mendigos cuando pedían. Muchos de ellos, tras recibir las pocas monedas que podía ofrecerles, hacían el gesto acostumbrado y se apresuraban a buscar otro samaritano. O, a veces, nos ponían algo en la mano y nos atosigaban para que les diéramos algo a cambio. Había uno al que veía todos los días cuando me dirigía a recibir las enseñanzas del maestro. La lepra le había destrozado los dedos de las manos y los pies. Tanto si le daba algo como si no, siempre me saludaba con sus manos mutiladas y me ofrecía su más bella sonrisa. Ese hombre había recibido la serenidad y la plena aceptación de lo que vivía, y la felicidad podía verse en su rostro. No siempre recibimos aquello que damos. Puedo dar tiempo y recibir dinero. Puedo dar amor y recibir gloria. Tampoco necesariamente recibimos de la persona a la que hemos dado. Puedo entregar mi amor a uno, y recibirlo de otro, o ayudar a una persona un día, y, en el momento que lo necesite, será otra la que me ayudará a mí. Lo que importa es saber dar por la simple alegría de dar, sin esperar nada a cambio, y saber recibir con gratitud.

Abrir el corazón es hacerse receptivo. Si sólo doy para que la otra persona me ame, pero mantengo mi corazón cerrado para protegerme, no hay un verdadero intercambio. Tarde o temprano terminaré por sentirme vacía. Podría reprochar a mi pareja sus insaciables demandas, pero ¿dónde está el intercambio? Es posible que esas demandas interminables de mi pareja provengan del hecho de que lo que le doy no le nutre, y por esa razón sigue hambriento.

En una pareja esta ley del intercambio es esencial para que la relación perdure. Al comienzo de una relación, cada uno desea aportar algo al otro. Sin embargo, a veces sucede que, una vez que se han casado o viven juntos, ambos comienzan a preocuparse por recibir. ¿Querrá ella hacer el amor conmigo esta noche? ¿Se acordará de nuestro aniversario de matrimonio? Poco a poco se olvidan de las palabras amables, de los gestos de afecto del principio. El trabajo se convierte en su prioridad y se enfocan en la adquisición de bienes materiales. El otro se convierte también en un objeto de satisfacción que se desea poseer. Queremos que actúe conforme a nuestras expectativas, que responda a nuestros deseos, y, si no se somete a ellos, se lo reprochamos. Cuando cesa el intercambio, cesa el amor.

El amor está hecho de intercambio, ayuda mutua, comprensión, respeto y libertad.

No te preocupes tanto de ser amado por el otro; en lugar de ello, centra tus energías en amarte a ti mismo y amar a los que te rodean. Si lo haces, podrás experimentar la profundidad de estas palabras:

> *Cuanto más ames, más amado serás, y el amor te cubrirá de sus bendiciones. Darás y recibirás la vida en abundancia. A tu lado los enfermos sanarán. El amor es la ciencia de todas las ciencias. La inteligencia sin amor no es más que necedad.*
>
> L'AMOUR SELON LES MAÎTRES
> (EL AMOR SEGÚN LOS MAESTROS)

La alegría, la paz o la felicidad no pueden existir sin esta ley de intercambio. Sé atento con aquel que puede hacer feliz al otro, pero sin olvidarte de ti mismo. Pensar: «Si él se muestra amable conmigo, yo también lo seré con él» es como decirle a la tierra: «Dame primero tus frutos y ya te daré yo las semillas después». Si quieres recibir, da primero y, como la tierra, te devolverán en función de lo que hayas dado. Éstas son las bases del amor. Sin esas bases, buscaremos durante mucho tiempo el amor a través de las diferentes relaciones afectivas anteriormente mencionadas. Y eso también está muy bien, porque sólo al buscar encontramos. Y sólo al experimentar descubrimos que el amor va más allá de todo lo que hemos conocido o vivido.

Los diferentes niveles del amor

El primer nivel del amor consiste en el descubrimiento del amor hacia uno mismo. Como hemos visto anteriormente, éste no tiene nada que ver con el egoísmo ni el egocentrismo, que son frutos del miedo por la propia supervivencia. El amor hacia uno mismo es el primer paso hacia la autorrealización y el verdadero amor. Esta primera etapa es fundamental, puesto que únicamente podemos amar a los demás en la medida en que nos amamos a nosotros mismos. En otras palabras, no podemos amar a los demás más de lo que nos amamos a nosotros mismos, porque:

- Sólo cuando somos tolerantes con nosotros mismos, lo somos con los demás.
- A través del sufrimiento que hemos experimentado y superado, podemos comprender mejor a los demás.
- Mediante las heridas que hemos sufrido y sanado, podemos ayudar mejor a los demás a sanarse.
- Cuando nos concedemos el derecho de vivir, podemos ayudar mejor a los demás a vivir.
- Por medio del afecto que nos hemos dado somos capaces de expresar mejor la ternura.
- Por medio de la tristeza de la que ya nos hemos consolado, podemos consolar mejor a los demás.
- Por medio de la esperanza que hemos visto renacer en nosotros, estamos cualificados para indicar mejor a los demás el camino de la confianza en la vida.
- Al reconocer nuestros propios errores y debilidades, podemos perdonar mejor a los demás y enseñarles el camino de la liberación.

- Al ser atentos con nosotros mismos, podemos ser atentos con los demás.
- Cuando nos respetamos a nosotros mismos, respetamos mejor a los demás.

El amor romántico se alimenta con el fuego de la pasión.

El amor hacia uno mismo se alimenta con el fuego de la autorrealización.

El amor hacia los demás se alimenta con el fuego de la compasión.

El segundo nivel del amor es poder amar a otra persona como a uno mismo.

Alcanzar este segundo nivel del amor implica haber franqueado las diferentes fases necesarias para amarnos a nosotros mismos, hasta el punto de haber reconocido la Divinidad que hay en nosotros. Sólo cuando esto ocurre, podemos ver la Divinidad en los demás, más allá de la corteza de la personalidad. Porque la personalidad no siempre es amable, pero la Divinidad siempre es venerable.

Amar a los demás no tiene nada que ver con el hecho de recibir lo que esperamos de ellos. Muchas personas confunden «te amo» con «amo lo que tú me das», «amo que me digas esas frases que me gusta escuchar», «amo que hagas esas cosas que me agradan», etc.

Amar a los demás tampoco tiene nada que ver con la posesión. Para la mayoría de nosotros, el amor que hemos aprendido a través de nuestra educación está sobre todo centrado en la necesidad de poseer al otro: «Es mi marido», «Es mi mujer»,

«Es mi novio», «Son mis hijos». Esta forma de amor posesivo es de lo más limitadora:

- Ni hablar de que **mi** mujer vaya de viaje sin mí, puesto que estamos casados.
- Ni hablar de que **mi** marido salga con sus amigos el viernes por la noche. Él se debe primero a su familia.
- Ni hablar de que **mi** hijo deje sus estudios; hasta que esté en edad de trabajar, irá al colegio, tanto si le gusta como si no.
- Ni hablar de que **mi** hija salga con un hombre negro; mientras no lo deje, no podrá salir.

Los posesivos «mi» y «mis» significan: «Tú me perteneces, eres mío y harás lo que yo te diga, porque te amo y quiero que respondas a las expectativas que tengo de ti».

Hace tiempo, pensaba que el amor implicaba una cierta dosis de posesividad y celos. De forma que, cuando mi pareja no mostraba celos ante las atenciones que otro hombre podía tener conmigo, pensaba que no me apreciaba y, por consiguiente, que no me amaba. Pero, en mi camino, descubrí que ésta era una forma de amor infantil y que el verdadero amor implica una total libertad.

El aire es a la llama lo que la libertad es al amor. Sin aire la llama se apaga; sin libertad el amor muere.

La libertad es poder elegir. Eso no excluye poder expresar al otro nuestra propia visión de los hechos, nuestro temor por él, nuestro apoyo para ayudarle a ver aspectos que tal vez no haya tenido en cuenta. Una de mis alumnas, cuyo marido había tenido una aventura extraconyugal, tuvo muchos problemas para aceptar esta idea de la libertad en el amor. «Si amo a mi marido, según tu forma de ver el amor, debería permitirle que viviera su sexualidad al margen de nuestra relación», me dijo.

La libertad es una cosa, y el compromiso es otra. «Sí, tu marido es libre de hacer lo que desee con su cuerpo, pues éste le pertenece; pero tú también eres libre de elegir el tipo de compromiso que te conviene», le contesté. Un compromiso es una promesa o un acuerdo que une a dos personas. «¿Sobre qué bases has construido tu relación? ¿Sobre la base de la monogamia o de la poligamia?», le pregunté.

El otro es libre, pero eso no le exime de las consecuencias de sus elecciones. Si ha decidido no respetar su compromiso, se expone a que éste se rompa.

Dar la libertad al otro es darle el derecho de ser quien es, de tomar las decisiones que desee y de vivir las experiencias propias de su nivel de evolución. Sin embargo, eso no significa estar de acuerdo con su manera de actuar o con sus decisiones. Mi pareja me decía: «Si me amas tienes que aceptarme como soy, en lugar de querer que cambie». Con ello se refería a una actitud suya que no me convenía. Le respondí: «Te amo, pero esa actitud no encaja con lo que yo he decidido vivir. Ahora que lo sabes, puedes decidir si la mantienes y te buscas alguien a quien sí le encaje o tomas conciencia de ello y decides transformarla».

Recordemos que tenemos derecho a actuar como deseemos, pero siempre tendremos que asumir las consecuencias de ello. Y lo que es verdad para nosotros también lo es para los demás.

Si el amor implica libertad, también implica respeto. Amarse a uno mismo también es respetarse. Si permito que los demás me falten al respeto es porque no me amo lo suficiente. Y, al aceptar que los demás me falten al respeto, también voy a faltárselo a ellos. Tal vez no lo haga de la misma manera, pero el resultado será idéntico.

Mi anterior pareja solía dejar a un lado sus propios deseos para complacerme. Cuando quería decir no, solía decir «nosí». Yo no escuchaba el no camuflado delante del sí, de modo que siempre hacíamos lo que yo proponía. Esa supuesta forma de agradarme, con la que él renunciaba a sus propios intereses, se convirtió a menudo en algo desagradable para ambos. Con el paso de los años, pude comprobar hasta qué punto no se respetaba a sí mismo, pero tardé mucho más en descubrir que ese aspecto de mi marido era el espejo de mi propia falta de respeto hacia mí misma. No podía verlo porque yo actuaba de la misma forma. Sabía expresar bien aquello que quería y no quería, de modo que no era en la expresión de mis deseos como me faltaba al respeto, sino mediante el miedo al conflicto. Para evitar el conflicto, me callaba ante muchas situaciones que me molestaban. Por ejemplo, para no arriesgarme a tener un conflicto con él, si necesitaba que me ayudara, prefería no pedírselo y trabajar hasta dos y tres veces más, sin quejarme, para encargarme de las tareas de ambos o de la casa. También me callaba para evitar herirle, enfadarle o desagradarle. Llamaba a eso «comprar la paz».

Con esa falta de respeto hacia mí misma, tampoco lo respetaba a él, pues no tenía lo suficientemente en cuenta lo que trataba de expresarme. Como no escuchaba lo que sucedía en mi interior, tampoco escuchaba lo que le sucedía a él. Eso, sin duda, explica por qué al final de nuestra relación padecí un problema de acúfenos.

Después, descubrí que comprar la paz es algo muy femenino, porque lo femenino tiene pánico al conflicto, al contrario de lo masculino, que mide su fuerza a través de éste. Lo femenino huye del conflicto todo lo que puede. Esto es lo que las mujeres de mi generación han rechazado de nuestras madres, por considerarlo una forma de sumisión. Es lo que nos ha llevado a desarrollar nuestra polaridad masculina en detrimento de la femenina. Sin embargo, ese fortalecimiento de la polaridad masculina no nos ha liberado del miedo al conflicto. Muchos hombres también rechazan su polaridad masculina, en beneficio de la femenina, al tratar, como las mujeres, de evitar el conflicto y huir todo lo posible de las confrontaciones con su pareja. Algunos de ellos prefieren emplear provocaciones sutiles para hacer reaccionar a su pareja y así responsabilizarla del conflicto. Es el juego del poder, en el que lo masculino disfruta al medir su fuerza con el otro.

Resulta paradójico que fuera anteriormente una mujer yang (polaridad masculina, es decir, daba prioridad a mi voluntad, tomaba todas las decisiones y era una auténtica luchadora...), y a la vez tuviera tanto miedo al conflicto. En la actualidad, he recuperado mi feminidad (la parte yin que hay en mí; la que cada vez escucha más a su intuición, se deja guiar por lo que siente, incluso si no siempre lo entiende, y confía en los sucesos de la vida), y ya no temo al conflicto. Ahora, puedo decirle sin rabia ni miedo a mi pareja: «¡Eso no me conviene!», «No estoy de acuerdo con lo que dices» o «¡Puedes creer que ésa es mi intención, pero eso no tiene ninguna base!».

Al amarme más a mí misma, me afirmo más, y también amo y respeto más a mi pareja. Al afirmarme sin rabia y sin confrontaciones, uno mi parte masculina, que se defiende, con mi parte femenina, que no quiere entrar en conflicto. Las dos unidas se convierten en una auténtica fuerza, y de esta forma mi pareja y los demás sólo pueden respetarme.

Sin el amor hacia mí misma, que pasa por el autorrespeto, no habría podido comprender qué significa verdaderamente «amar al otro como a mí mismo».

Amar implica dar de un modo incondicional. Muchas personas tienen problemas para recibir, y esto se explica por el hecho de que ellos no hacen o dan nada gratuitamente o con desapego. Siempre esperan algo a cambio, aunque sólo sea el aprecio o el amor del otro. Si damos con expectativas, siempre que recibamos nos sentiremos obligados a dar de nuevo. Y como la mayoría de la gente tiene miedo a tener deudas, prefiere no pedir ni recibir nada.

Cuando aprendemos a recibir incondicionalmente,
aprendemos a dar incondicionalmente.

Amar a los demás implica ausencia de expectativas y desapego. ¿Dejarías, con aceptación y desapego, que la persona que más amas en el mundo se fuera para siempre para que pudiera vivir experiencias que no te incluyen? Si puedes responder que sí a esta pregunta, amas a esa persona verdaderamente. No hay manifestación más grande de amor que querer con las manos abiertas. Amar al otro como si fuera un pájaro que acaba de posarse en tus manos, darle lo mejor de ti mismo y dejar las manos abiertas para que, cuando llegue el momento, pueda retomar su vuelo. Querer conservarlo no es amor, sino una búsqueda de tu propia satisfacción. Ese pájaro puede ser tu hijo, tu pareja, tu padre, tu madre, tu amigo...

Cuando esperamos al amor estamos siempre solos.
Nunca estamos solos cuando tenemos amor que ofrecer.

Amar al otro como a uno mismo es:

- Abrirle nuestro corazón.
- Darle el derecho de ser y de vivir sus experiencias a su manera y a su ritmo.

- Compartir con él lo que descubramos para que, a su vez, pueda tener éxito.
- Mostrarle el camino que hemos tardado años en descubrir.
- Escucharle con el corazón.
- Prestarle nuestra atención.
- Acogerle sin juicios cuando desacata las normas que le han impuesto.
- Perdonarle, incluso si nos ha herido o nos ha hecho sufrir.
- Alegrarnos de que sea feliz, aunque no hayamos contribuido a ello ni podamos atribuirnos el mérito.
- Ser indulgente con él, aunque nos haya repetido lo mismo diez veces.
- Felicitarle sinceramente por sus victorias, aunque nosotros hayamos perdido.
- Decirle hasta la vista o adiós cuando quiera marcharse o dejarnos.

Cuando seamos capaces de amar verdaderamente a una persona, en el sentido más profundo y esencial del verbo amar, podremos alcanzar el tercer nivel del amor.

El tercer nivel del amor consiste en amar a los demás.

En *El amor según los Maestros*, el maestro dice: «Comienza por amar lo mejor que puedas a una persona, a quien ofrecerás tus más bellos pensamientos; después extiende ese amor poco a poco a los demás, sin dejar de amar a la primera. Así llegarás a ser uno con toda la humanidad y habrás cumplido tu misión en la tierra».

Jesucristo dijo: «Dejad que los niños se acerquen a mí». Como lo comprendemos todo en función de nuestro banco de imágenes, la infancia se interpretaba como una cuestión de edad. Sin embargo, los niños de los que Jesús hablaba simbolizaban la inmadurez de la conciencia, que nos lleva a hacer cosas cuyas consecuencias tendremos que padecer. Como hemos visto antes, es el niño en nosotros el que, a causa de sus miedos, se aferra, se cierra, se venga e hiere al otro mediante sus acciones y palabras.

Visita una cárcel y verás que, en cada prisionero, hay un niño que sufre. Visita un hospital psiquiátrico y comprobarás que, en todos los pacientes internos, hay un niño que sufre. Conoce a los violentos y descubrirás que en cada uno de ellos hay un niño que sufre. Observa a quienes critican y condenan a los demás y encontrarás niños que sufren.

El tercer nivel del amor es acoger, comprender, consolar y amar a todos esos niños que sufren. Cuando hemos integrado en nuestra vida este tercer nivel del amor, nos abrimos a la conciencia del nivel siguiente.

El cuarto nivel del amor consiste en amar todo lo que existe.

Que tu amor se extienda a todo lo que vive y te rodea.
El amor según los Maestros

Puesto que todo es Dios, amar todo lo que vive y nos rodea es amar a Dios. Se trata de sentir el mismo respeto, la misma delicadeza hacia todas las formas del mundo animal, vegetal o mineral; contribuir al despertar de la conciencia de los seres humanos; hacer lo necesario para que puedan reconocerse como hermanos y hermanas de un mismo universo, y colaborar juntos en la creación de un mundo de paz y amor, para que los niños de la tierra puedan evolucionar en la armonía de este cuarto nivel de amor.

El quinto nivel es el amor absoluto.

Consiste en estar al servicio del universo, como han hecho Buda, Jesús y otros grandes maestros, quienes nos han enseñado el camino de la compasión y la liberación, que no es más que el regreso a nuestra verdadera naturaleza, la de Dios o lo que llamamos Divinidad.

¿Cómo he aprendido a amar?

Tendemos a repetir o a buscar aquello que ya conocemos. En el capítulo en el que se trató el tema de la memoria emocional, vimos que todas nuestras experiencias, agradables o desagradables, han dado lugar a ecuaciones que quedan registradas en nuestra memoria emocional. Nuestras primeras experiencias relacionadas con el amor también han dado lugar a diferentes ecuaciones.

Cuando me pregunté «¿Cómo he aprendido a amar?», la primera respuesta que me llegó fue: a través de la espera y la ausencia. De hecho, eso me llevó a mi infancia, cuando esperaba en casa a que mi madre regresara del trabajo. Después, cuando tenía seis años, me enviaron a un internado. Entonces, puesto que en aquella época los alumnos sólo podíamos salir del internado durante las vacaciones de Navidad y verano, únicamente podía ver a mi madre durante sus visitas de los domingos por la tarde.

Las religiosas nos pedían que nos sentáramos tranquilamente y esperáramos a que nos llamaran para dirigirnos a la sala de visitas. Yo obedecía y esperaba a que dijeran mi nombre, pero, en cuanto veía que mi madre no venía, me decía: «Tal vez el próximo domingo...». Durante toda la semana mantenía la esperanza de que viniese a verme el domingo siguiente, pero no acudía. A los once años, me dio permiso para acompañarla el viernes por la tarde a echarle una mano en su trabajo de mantenimiento de oficinas, un extra a su empleo de costurera que realizaba para poder llegar a fin de mes. Me sentía muy feliz cuando estaba a su lado en el autobús que nos llevaba a su lugar de trabajo o disfrutaba de la complicidad que había entre nosotras a la hora de llevar a cabo las tareas. Fueron, sin ninguna duda, los mejores momentos que compartí con ella. Las ecuaciones que resultaron de esto fueron: «amar es igual a espera y ausencia», y «trabajar con el otro es igual a presencia, intercambio».

Y eso es exactamente lo que he experimentado en mi vida. He esperado a todos los hombres que he amado y he sufrido sus ausencias, y los momentos más hermosos que he compartido con ellos fueron en el trabajo. Fuera de éste, ya no tenía esa bella complicidad con ellos.

Para nuestra memoria emocional, la ecuación inversa también tiene valor: «presencia equivale a no amor» y «fuera del trabajo es lo mismo que no intercambio y, por lo tanto, no amor». De esa forma, cuando pasaba mucho tiempo con mi pareja, no podía evitar crear inconscientemente un conflicto para que me abandonara; y, puesto que ya no estaba allí, mi corazón volvía a latir por él. Y cuanto más larga era su ausencia, más intenso era el amor que creía sentir por él. Ese sentimiento de amor me hacía daño, pero lo vivía intensamente, y esa intensidad era precisamente lo que yo buscaba: sin ese sentimiento de carencia, que confundía con el sentimiento amoroso, no podía sentir que lo amaba.

En mi anterior relación de pareja, que ha sido la más larga que he tenido, creaba voluntariamente esa distancia entre nosotros para mantener esa intensidad. Trabajábamos juntos y eso respondía a mi ecuación «trabajar con el otro igual a presencia». Sin embargo, cuando pasaba más de dos meses seguidos con él, sentía la necesidad de alejarme para hacer revivir la llama que comenzaba a apagarse a causa de su continua compañía. Su ausencia avivaba mi llama, puesto que aprendí a amar de esa forma. Por supuesto, no era consciente de ello.

Cuando tomé conciencia de ello, me esforcé por transformar mis ecuaciones emocionales, a fin de que amar equivaliera a libertad. Desde entonces, tanto si está presente como ausente, mi amor por él es constante y mi ecuación se ha convertido en «amar igual a presencia»: cuando amo verdaderamente, estemos donde estemos y hagamos lo que hagamos, el amor nos une y nos mantiene cerca.

Nuestras ecuaciones son como viejos hábitos muy arraigados. Cuando deseamos adoptar un nuevo hábito en nuestra vida, el tiempo y la repetición permiten que el nuevo reemplace al antiguo. Lo mismo sucede con las nuevas ecuaciones: al centrar nuestro pensamiento en la nueva ecuación, poco a poco observamos la transformación de nuestras viejas actitudes.

Con respecto a mi compañero, él había aprendido a amar con resignación. Cada vez que le pedían que hiciera algo que no tenía ganas de hacer, escuchaba la misma frase: «Hazlo por tu madre». Como quería a su madre, renunciaba a sus deseos para no decepcionarla. También estuvo casado durante diecisiete años y, durante todo ese tiempo, se olvidó de sí mismo en favor de su mujer y su hijo. Su ecuación era «amar equivale a olvidarme de mí mismo por aquellos que amo» y «mostrar mi amor es lo mismo que resignarse».

Sólo cuando se hubo divorciado tuvo la sensación de tener por fin su propia vida. Pero, entonces, se encontró con un dilema, que podía resumirse en: «relación de pareja igual a resignarse» y «vivir solo equivale a vivir para sí mismo».

Por un lado, aspiraba a vivir una bella relación de pareja, pero, por el otro, no sabía cómo podía vivir para sí mismo en el marco de una relación. Su ecuación, de hecho, era «relación afectiva igual a resignarse». Había vivido otras relaciones de pareja antes de comprometerse conmigo. Éstas fueron cortas, porque, inconscientemente, ya no podía olvidarse de sí mismo y sacrificar sus propios deseos por los de su pareja. En cada una de esas relaciones, aplicó inconscientemente su ecuación emocional «amar equivale a olvidarse de sí mismo»: así había aprendido a amar.

Pascale aprendió a amar mediante el conflicto

Pascale creció en un entorno conflictivo. Su padre, que era alcohólico, discutía frecuentemente con su madre cuando estaba borracho, pero, en cuanto se le pasaba, lo lamentaba y, entonces, se convertía en un hombre amable, lleno de humor, bromista y hasta cariñoso. La ecuación de Pascale era: «amar es lo mismo que comprender a los demás» y «conflicto es igual a comprender todavía más a los demás y, por lo tanto, amar más». Lo contrario también era cierto «ausencia de conflicto equivale a monotonía y ausencia de amor».

Pascale se casó con un hombre problemático, con el que tuvo muchos conflictos, y a quien siempre trató de comprender y ayudar. Sin embargo, con el tiempo, se dio cuenta de que esa relación le quitaba toda su energía. Entonces pensó: «Si continúo con este hombre, me ahogaré (emocionalmente) con él». Y puso fin a esa relación de pareja.

Después, conoció a otro hombre. Al principio, a causa de la armonía que experimentaba con él, solía preguntarse: «¿Lo amo verdaderamente?». Más adelante, estalló entre ambos un importante conflicto en el que se lanzaron mutuamente insultos y amenazas, y cada uno decidió darse un tiempo para reflexionar. Cuando el hombre regresó con la misma actitud que adoptaba su padre cada vez que volvía apenado y se reconciliaba con su madre, Pascale lo abrazó y, en ese momento, pudo ver todo el amor que sentía por él. Su vida en común fue una serie de conflictos y reconciliaciones.

Pascale tomó conciencia de ello, y me dijo: «Me doy cuenta de que creaba los conflictos para poder estar segura de que amaba a ese hombre, porque, cuando pasaba un tiempo sin tener problemas, tenía la impresión de que no le quería. El conflicto, para mí, era una especie de estimulación, la guindilla de nuestra relación, pero nunca se me ocurrió que había aprendido a amar de esa forma».

Simone aprendió a amar mediante el consuelo y complaciendo a los demás

Simone tiene una madre depresiva, que suele encerrarse en su habitación. Para compensar a su hija por lo que no puede ofrecerle, le da dinero, con el que Simone se compra vestidos y otras cosas que le gustan. Su padre es dueño de una importante empresa y pasa poco tiempo en casa; cuando está allí, Simone le prepara platos deliciosos y trata de complacerle en todo lo que puede.

La joven se casa con un hombre que también se ausenta con frecuencia de casa a causa de sus actividades profesionales, y que, al igual que su madre, le da todo el dinero que pueda necesitar. Simone, para consolarse, cambia a menudo de coche o de casa; esto último la obliga a pasar mucho tiempo en las tiendas, haciendo compras para ella, su marido o sus hijos, a quienes siempre quiere complacer. Pero, al mismo tiempo, siente un vacío que todo ese dinero y esas actividades no pueden llenar.

Acudió a mi consulta por un problema de peso, pero nunca se había preguntado cómo aprendió a amar. Su ecuación era: «amar es igual a consolarse por lo que los demás no pueden ofrecerme» y «amar es complacer a los demás».

Si, al igual que Simone, nuestra ecuación es: «amar equivale a complacer a los demás», tendremos muchas dificultades para rechazar lo que nos propongan o para decir no.

De hecho, cuando nuestra ecuación es «amar es igual a complacer a los demás», la ecuación inversa «no complacer a los demás o decepcionarles equivale a no amar» también será cierta.

Y tú, ¿cómo has aprendido a amar?

¿Cuáles son tus ecuaciones con respecto al amor? ....

....

La ecuación que ha resultado de ello es ....

....

Y la ecuación inversa es ....

....

¿Todavía amas o te sientes amado de esa forma? ....

....

¿Te resulta beneficiosa esa forma de amar? ....

....

Si no es así, ¿cómo podrías transformar las ecuaciones? ....

....

Mi compañero decidió aprender a amar sin olvidarse de sí mismo.

Pascale decidió que aprendería a amar en la paz y la armonía.

Simone optó por aprender a amar compartiendo, mediante un verdadero intercambio, en lugar de hacerlo en una única dirección.

Y yo elegí aprender a amar en la presencia, en lugar de la ausencia.

Y tú, ¿qué vas a decidir? ¿Qué eliges experimentar ahora en tu vida? ....

....

A partir de ahora, aprendo a amar en ....

....

....

El amor es el agua que riega el jardín de tu vida y le da flores y frutos. Acéptalo para que tus obras sean grandes y puedan contribuir a la evolución del hombre.

EL AMOR SEGÚN LOS MAESTROS

10

Tomo conciencia de mi poder creador

> *Tal como un hombre piensa en su corazón, así es.*
> *Divino si ve lo Divino. Polvo si ve polvo.*
> EL MENSAJE DE LOS MAESTROS

Desde hace mucho tiempo, se nos ha dicho que el ser humano ha sido creado a imagen de Dios, en el sentido de que sólo el ser humano posee la capacidad de crear. Sería más exacto hablar de materializar, porque, como decía Antoine Laurent de Lavoisier: «Nada se pierde, nada se crea, todo se transforma». Es lo mismo que afirma la teoría cuántica cuando nos enseña que la luz es onda y partícula a la vez. ¿Acaso la luz no es energía? Einstein revolucionó el mundo científico con su teoría de la relatividad, $E = mc^2$, la cual demuestra que la energía puede generar masa (materia) y viceversa. Muchos grandes sabios están totalmente de acuerdo con Einstein, pero lo explican de una manera diferente.

Hace unos años, asistí a una conferencia del maestro Swami Satchidananda. En cierto momento, tomó un pañuelo y le preguntó al grupo qué veía. «Un pañuelo», respondió la mayoría. Después, sacó los hilos que lo formaban. Ante él había un montón de hilos, y preguntó de nuevo al grupo qué veía esta vez. «Hilos», le respondieron los asistentes. El maestro quemó los hilos y preguntó dónde estaba el pañuelo y si había desaparecido. Todos estuvieron de acuerdo en reconocer que el pañuelo había sufrido una transformación, primero en hilos y después en cenizas. Lo cual confirma la teoría de Lavoisier, que afirma que nada se pierde, nada se crea y todo se transforma, y la de Einstein, que sostiene que todo es relativo, en el sentido de que todo lo que existe no es más que una manifestación transitoria de la energía y que esta energía puede generar masa o viceversa. Quemar la masa, por ejemplo, produce energía.

Nuestros pensamientos son energía

Nuestros pensamientos, para materializarse, tienen la propiedad de atraer las partículas correspondientes a la imagen que poseen. Esta propiedad puede definirse como fuerza o poder de atracción.

Estamos continuamente inmersos en un mar de pensamientos, que somos libres de aceptar o rechazar. Estos pensamientos variarán en función de la frecuencia vibratoria que aceptemos sintonizar. Si entramos en una iglesia, por ejemplo, y nos impregnamos de la vibración del lugar, probablemente no tendremos los mismos pensamientos que si nos encontráramos en la bolsa de Nueva York.

De este modo, nuestros sentimientos e intereses (aquello a lo que prestamos atención) determinarán la calidad vibratoria de los pensamientos que atraemos a nuestro campo vibratorio. Si nuestros intereses sólo se centran en nosotros mismos, no tendremos pensamientos altruistas, sino más bien egocéntricos. Pero si, por el contrario, nuestros intereses giran en ser útiles a los demás, atraeremos pensamientos que irán en ese sentido.

Esos pensamientos llegan a nosotros sin que tengamos que realizar el menor esfuerzo. De todos ellos retenemos únicamente los que nos interesan o los que están en resonancia con nuestro inconsciente. Aquellos a los que prestamos muy poco interés, o ninguno, se alejan de nosotros para volver al gran océano de los pensamientos.

Para comprender este fenómeno, podemos pensar en la información que circula a través de las ondas electromagnéticas. Seremos capaces de captar una gran cantidad de información al sintonizar las diferentes frecuencias vibratorias. Para acceder a ella, nos basta con tener un receptor dotado de una antena.

Después, dependiendo de la frecuencia con la que sintonicemos, tendremos la información correspondiente. Si sintonizo con una frecuencia en la que se emiten noticias deportivas, hay pocas probabilidades de que pueda oír hablar de espiritualidad; sólo recibiré información relacionada con el deporte.

Eso es exactamente lo que sucede en el mundo de los pensamientos. Estamos inmersos en un océano de pensamientos. Para acceder a ellos, necesitamos un receptor en buen estado. Ese receptor es nuestro cerebro. Dependiendo de la frecuencia vibratoria con la que sintonicemos, accederemos a unos pensamientos determinados en lugar de otros. Los grandes maestros vibran a tal frecuencia que el simple hecho de estar en su presencia o tocar un objeto que ha estado en contacto con ellos puede transformar nuestra vida.

Ver una película, escuchar música, leer un libro o hablar con una o varias personas nos sitúa invariablemente en un mar de pensamientos que vibran a la misma frecuencia que la película que vemos, el libro que leemos, la música que escuchamos o la conversación que mantenemos. Nuestra vida puede dar un giro tras la simple visión de una película, la mera lectura de un libro o el encuentro con una persona. Un ejemplo: un sábado por la tarde, como tantos otros, vi una película en la televisión... El título de la película era *Regreso a Peyton Place*. Yo tenía once años. Era la historia de una joven autora que había escrito una novela sobre los azares de la vida de la gente de su pueblo. Entre otras cosas, relataba un drama que tuvo lugar allí: su mejor amiga había sufrido abusos sexuales a manos de su padrastro, quien la dejó embarazada, y el médico del pueblo la había ayudado a abortar. El libro fue un escándalo desde su publicación, y le costó un pleito a la escritora.

Era una película muy conmovedora por la profundidad de sentimientos que expresaba. Influyó mucho en mi vida, puesto que yo me identificaba con la escritora. Siguiendo los consejos de su editor, debía ofrecer una imagen de persona sana, lo que implicaba que no debía beber alcohol ni fumar. Sin duda, esta influencia puede explicar mi resistencia al tabaco; durante mi adolescencia, todas mis amigas fumaban, y yo, como no lo hacía, pasaba por poco espabilada.

Cuando terminó la película pensé: «Algún día seré escritora». Ese pensamiento, esa decisión, fue como una pequeña semilla que yo podía alimentar para que se materializara. Todos nuestros pensamientos tienen un potencial de materialización; sin embargo, al igual que las semillas, algunos se materializan antes que otros. Las semillas de zanahoria maduran antes que las bellotas.

Me arriesgué a hablar de ese deseo con uno de mis profesores. Éste me contestó con ironía: «¿Tú escritora? ¡Si no puedes escribir diez líneas seguidas sin hacer cuarenta faltas de ortografía! ¿Tú sueñas?».

Bajé la cabeza casi avergonzada de haberme atrevido a creer que podía ser escritora. Dejé el sueño a un lado y no volví a hablar de él.

Pero ese deseo dormitó en mí durante años. Ni siquiera pensé en él cuando tuve que decidir mi orientación académica, convencida como estaba de no tener el potencial necesario para llevarlo a cabo. De modo que opté por estudiar ciencias.

Sin embargo, un día, el sueño regresó, y la afición por escribir adquirió fuerza. Recuerdo que, al unirme al grupo de desarrollo personal, cuando comencé este camino, me dije: «Aquí encontraré aquello de lo que algún día escribiré...».

Si nuestros particulares intereses y motivaciones nos hacen estar inmersos en un determinado mar de pensamientos, los pensamientos que mantengamos también nos conducirán hacia situaciones y acontecimientos de la misma naturaleza. Por esa razón dicen: «Cuando el discípulo está dispuesto, el maestro aparece». No es el maestro el que decide que irá hacia tal discípulo. ¡No! Se trata sobre todo de una energía de atracción o sintonización. El locutor de radio no habla de un determinado tema porque un oyente tenga necesidad de escucharlo, sino que el oyente, a causa de su necesidad, se verá llevado a encender su radio en el momento preciso y sintonizar esa determinada frecuencia para escuchar exactamente aquello que precisa.

Mi pequeña semilla necesitaba aliento para desarrollarse. Entonces, sentí que debía participar en un seminario que tenía por título «Maestría de la vida», impartido por el doctor Herbert Beierle. No me acuerdo en absoluto de lo que nos dijo durante el seminario. Sólo recuerdo que nos hacía cantar *Dream the impossible dream* (Sueña el sueño imposible).

Volví a sacar ese deseo de escribir que dormía en mi interior desde hacía veintidós años, y me fabriqué una imagen mental para ese sueño. Al cerrar los ojos, me veía al término de una conferencia que acababa de dar, y muchas personas se acercaban a mí para que les escribiera una dedicatoria en el libro que había publicado.

En el momento en el que me fabriqué esa imagen mental nunca había dado una conferencia ni escrito el menor artículo. La imagen se materializó cinco años después. Durante cinco años, nutrí esa pequeña semilla.

> *Nunca se te ha dado un deseo sin que también se te haya otorgado el poder de convertirlo en realidad.*
>
> RICHARD BACH

Todos los pensamientos que adoptamos encierran, pues, la posibilidad de materializar la imagen que contienen. Estos pensamientos son tanto nuestros deseos, ideas, sueños, creencias y decisiones como nuestros miedos, dudas, incertidumbres, aprensiones, etc. Sin embargo, la materialización dependerá de cómo se desarrollen. Dicho de otra forma, dependerá de la energía y los esfuerzos que decidamos otorgarles mediante nuestras acciones. Sólo crecerán y darán fruto aquellas semillas que nutramos y cuidemos.

El marido de una de mis alumnas volvió encantado de un seminario que tenía por título «Cómo convertirse en un ganador». Totalmente motivado, nos dijo: «Durante el seminario, me di cuenta de que me he pasado gran parte de mi vida con una actitud negativa y derrotista, pero eso va a cambiar: voy a convertirme en una persona positiva que confía en la vida».

Volví a verlo un año después y su situación no había cambiado. Tras el seminario, estaba decidido a plantar las semillas de la confianza y el éxito, pero, ante las primeras dificultades, dejó de alimentarlas y volvió a cultivar semillas de duda y derrotismo.

Cuando no somos conscientes de ese poder de creación o materialización y estamos bajo la influencia de nuestro sistema mental, que duda, tiene miedo o interpreta las palabras o intenciones de los demás de un modo desfavorable, utilizamos ese poder para crearnos situaciones desagradables o sufrimiento.

De ese modo, a menudo materializamos lo contrario de lo que deseamos.

Los miedos que alimentamos terminan, tarde o temprano, por materializarse.

Cada vez que conducía por una zona escolar, temía atropellar a algún niño. Un día, cuando me dirigía a buscar a mi hija a la escuela, un chiquillo perdió el control de su bicicleta y fue a parar justo delante de mi coche. Afortunadamente, conducía muy despacio y al niño no le ocurrió nada. Entonces, tomé conciencia de ese miedo y dejé de alimentarlo al repetirme que si alguna vez llegaba a atropellar a un niño sería porque él tendría que vivir esa experiencia, lo que no quitaba que continuara siendo prudente. Liberada de ese pensamiento de temor, dejé de darle energía.

¿Qué sucede con los pensamientos que dejamos de alimentar?

Los pensamientos que dejamos de alimentar se alejarán de nosotros para ser atraídos por aquellas personas que vibran en la misma frecuencia.

Cuando confiamos en la vida y mantenemos una actitud mental positiva, no nos exponemos a que los pensamientos de desánimo y fracaso, producidos por espíritus anclados a ese bajo nivel, nos afecten.

El optimista que cree en el éxito entra en armonía con los pensamientos de aquellos que piensan como él, lo cual aumenta su propia confianza. Si los pensamientos negativos alcanzan a una persona cuyo espíritu ya es depresivo, su estado se agravará. Atraemos, pues, pensamientos ajenos similares a los nuestros.

Para tener acceso a esos pensamientos de alto nivel, necesitamos elevar la frecuencia vibratoria de nuestros sentimientos y motivaciones. La práctica de la paciencia, la tolerancia, la compasión, la generosidad, el amor incondicional y también la humildad es lo que más puede contribuir a elevarlos. Cuanto más desarrollemos esas cualidades, más grande y desinteresado será el amor que emanará de nosotros y mayor acceso tendremos a ese conocimiento que es la sabiduría que nos llevará a nuestra divinidad.

Como dijo Hermes Trismegisto: «*Lo que está arriba es igual a lo que está abajo*».

Si, por el contrario, nuestros pensamientos tienen una baja frecuencia vibratoria (pensamientos de odio, venganza, resentimiento, envidia, celos, dudas, miedo u orgullo), atraerán otros pensamientos de baja frecuencia vibratoria emitidos por los millones de cerebros que vibran a esa frecuencia.

Como una piedra que, al tirarla al agua, produce movimientos vibratorios que vuelven sobre ella, con nuestros pensamientos sucede lo mismo. Esos pensamientos producen ondas que se extienden en el gran océano de pensamientos que nos rodea y vuelven a nosotros amplificados.

Y como todo pensamiento cuenta con un poder de atracción, atraerá hacia nosotros situaciones que estarán en consonancia con él.

Si alimento el pensamiento de que la vida es una lucha, mi vida será una lucha continua. Podría tener la sensación de que me paso todo el tiempo peleando.

Si nutro la creencia de que tengo que trabajar duramente para ganar dinero o conseguir aquello que quiero, es más que probable que tenga que realizar muchos esfuerzos para tener un salario decente o conseguir un aumento de sueldo.

Si alimento el pensamiento de que es necesario sufrir para crecer, es posible que me pase la vida superando obstáculos y dificultades.

Si pienso que el mundo va mal, posiblemente escuche hablar con frecuencia de violencia, crímenes, suicidios o guerras, lo cual confirmará lo que pienso. Eso podría llevarme al desánimo, lo que atraerá hacia mi mundo derrotas, dificultades y problemas.

Los informativos de la televisión transmiten una energía predominantemente negativa. No hay nada malo en ver los telediarios que difunden las grandes cadenas de televisión, sobre todo si se producen noticias relevantes, pero estar pendientes de ellos todos los días es otra cosa. Nadie puede obligarnos a ver esas noticias; hacerlo es nuestra elección. Simplemente toma conciencia de la frecuencia que sintonizas cada vez que enciendes el televisor y ves una determinada emisión, con cuántos pensamientos negativos y derrotistas entras en resonancia. Si escuchas esas noticias a diario y, a veces, te sientes desanimado sin saber por qué, ya tienes la respuesta y tal vez decidas alimentar mejor tu energía vital.

Cada emisión de televisión vibra a su propia frecuencia, con la que entras en resonancia cada vez que le prestas atención. Esa determinada frecuencia generará en ti una energía y unos pensamientos de la misma naturaleza.

Si un importante número de personas tomara conciencia del impacto negativo que las escenas de violencia emitidas por televisión puede tener en los niños y el mundo en general, esas emisiones dejarían de existir.

Lamentablemente, nuestro mundo probablemente tiene todavía necesidad de violencia y crímenes antes de que llegue un día en el que un número suficiente de personas deseen la paz. La guerra no tiene más objetivo que la venta de armas y el enriquecimiento de aquellos con poder para manipular a nuestro mundo. Abastecemos de armas a unos y prestamos a otros el dinero para comprarlas. Y todos aquellos que ignoran estas estrategias de poder, pero cuyas frecuencias vibratorias son bajas, entran en el juego en nombre de un patriotismo en el que han sido previamente adoctrinados por aquellos que ostentan el poder.

Sin embargo, si alimentas en ti el pensamiento de que este viejo mundo se encuentra en el proceso de convertirse en un mundo mejor, emitirás pensamientos positivos que te llevarán a entrar en resonancia con frecuencias vibratorias análogas. Tal vez escuches hablar de movimientos pacifistas, de industrias que trabajan por la protección del medioambiente, de grupos que se preocupan por el entorno, y quizá te veas llevado a colaborar con ellos. Tu mundo se construirá sobre la fe y la esperanza de una sociedad mejor, lo cual hará que te sientas confiado y sereno a pesar de los tristes acontecimientos que puedan tener lugar.

Tomo conciencia de mi poder creador

Nuestros pensamientos crean nuestra realidad

El filósofo William James declaró que, según él, el mayor descubrimiento de su generación es que los seres humanos pueden cambiar su vida al cambiar sus pensamientos.

Y tú, ¿qué piensas de la vida? ¿Qué pensaban o decían tus padres sobre ella? Mi madre solía decir: «En la vida no hacemos lo que queremos, sino lo que podemos». Eso era exactamente lo que vivía. No trabajaba en aquello que le habría gustado y no tenía la relación de pareja que habría deseado. Su vida era adaptarse: «No hacemos lo que queremos...», se lamentaba.

O, a veces, me decía: «Mi pobre hijita, en la vida no podemos tenerlo todo», o «Si uno es sirviente, no puede ser rey», o «El dinero no cae del cielo», y así continuamente. Y experimentaba todo aquello que decía sin pensar siquiera durante un segundo que ella se había creado esa realidad.

Cuando le hablaba de un proyecto importante que deseaba llevar a cabo, me respondía: «Mi pobre hijita, ¡tú sueñas en colores!». No recuerdo bien si llegaba a decírselo, pero sé que pensaba: «¡Mamá, prefiero soñar en colores que pensar en blanco y negro!».

Aunque trataba de resistirme a su frecuencia vibratoria, llegué a adoptar algunas de sus creencias, que me han acompañado durante bastantes años. Más allá de sus declaraciones, estaba el ejemplo que me daba.

Mi madre trabajaba de la mañana a la noche, a menudo hasta el agotamiento, para dar lo mejor a sus hijos. La imagen que teníamos de ella era la de una madre valiente. Para mí, la ecuación que resultó de esto fue «trabajar mucho es igual a valentía». Y la inversa también era cierta: «no trabajar es lo mismo que pereza, ausencia de valentía».

Además, valentía equivalía a mérito. Así que para que nuestras acciones tuvieran mérito, debían exigir un duro trabajo. Aquello que exigía poco o ningún esfuerzo no tenía mérito.

Esta influencia me llevó a asumir demasiado trabajo y muchos esfuerzos. De esa manera podía sentir que tenía valentía y mérito. También me atraían situaciones en las que me decía que, seguramente, tenía que aprender a ser valiente en la vida. Antes, escribía todos los libros a mano, a pesar de que habría podido hacerlo con el ordenador. Sin duda, inconscientemente trataba de exigirme más esfuerzos para atribuirme un mayor mérito.

Lo contrario también era verdad: daba a los demás aquello que me dictaba mi intuición sin otorgarme demasiado valor; con ello, algunas personas se aprovechaban de mis trabajos mientras que yo me esforzaba mucho para obtener únicamente resultados mediocres.

Lo que piensas de ti o de la vida determina exactamente lo que vives.

Ahora, te invito a realizar el siguiente ejercicio:

¿Qué piensas de ti mismo? ....

....

....

¿Qué piensas de la vida ....

....

....

¿Qué piensas de tu trabajo? ....

....

....

¿Qué pensaban tus padres de la vida o de sí mismos?.......................

....

....

Tomo conciencia de mi poder creador

Lo que vives en este momento, ¿se parece más a lo que tú piensas o a lo que tus padres pensaban o decían de la vida? ....

....

....

¿Qué nuevos pensamientos desearías que fueran tuyos en este momento? ....

....

....

Pensamientos como:

- La vida es mi amiga.
- La vida trata de darme lo mejor.
- La vida es una aventura maravillosa hacia el descubrimiento de lo que verdaderamente somos.
- Cuanto más amo la vida, más recibo lo mejor de ella.
- La vida es un regalo diario.

Estos pensamientos son más beneficiosos que las frases derrotistas como «La vida es difícil» o «La vida es una lucha».
«A cada día le basta su afán». ¿Por qué cada día no puede también aportarnos su parte de alegría o felicidad? La felicidad se compone de una multitud de pequeños detalles por los que podemos sentir gratitud.

Y, ahora, pregúntate: «¿Qué pienso de las personas que me rodean (mi pareja, mis hijos, mis compañeros de trabajo, mi jefe, mis vecinos, etc.)?» ....

....

....

Como hemos visto, nuestros pensamientos tienen poder de atracción magnética. Sea cual sea el pensamiento emitido, atraerá la energía correspondiente. Si pienso que los hombres son egoístas, atraeré hombres egoístas o incluso mujeres que se quejarán del egoísmo de su pareja. Si pienso que las mujeres buscan hombres adinerados, y yo no tengo demasiado dinero, tal vez sufra de soledad. O quizá compruebe que todas las mujeres que podrían interesarme están ya comprometidas con hombres pudientes, lo cual confirmará lo que pienso. Nuestros pensamientos atraen circunstancias que los confirman.

En muchas ocasiones, al tratar de ayudar a alguien a tomar conciencia de sus pensamientos, me responde: «Pero no son mis pensamientos, eso es la realidad... No soy la única persona que experimenta esto...».

¿Por qué todas esas personas experimentan la misma situación? ¿Será que todas ellas están sintonizadas a la misma frecuencia? ¿Será que todas tienen la misma lección de vida que aprender?

Los demás actúan con nosotros según la frecuencia vibratoria que sintonicemos con ellos.

Haz la prueba con alguien con quien tengas actualmente un conflicto. Envíale tus más bellos sentimientos mediante tus pensamientos. Pídele perdón (con tus pensamientos) si le has hecho daño o perdónala si, a causa de su sufrimiento, te ha hecho daño, y observa qué ocurre.

Una mujer tenía un conflicto con su hija. Ésta no había visitado a su madre en los últimos cinco años, pues se había cerrado totalmente a ella. Unos días después de la terapia, mediante la cual la madre pudo comprender por qué su hija se había alejado de ella y en la que pudo abrirle de nuevo su corazón, su hija, que ignoraba totalmente el trabajo terapéutico de su madre, la llamó para decirle que deseaba volver a verla. La mujer me escribió no sólo para comunicarme que su salud había mejorado, sino para compartir conmigo la inmensa alegría que sintió al volver a encontrarse con su hija.

Una madre habla de su hijo y dice que es insoportable, mientras que su profesor lo encuentra adorable. La madre le pregunta al profesor: «Pero ¿qué le hace para que sea tan bueno con usted? ¡Conmigo es insoportable!». El niño, efectivamente, es insoportable con su madre porque ésta, en lugar de dedicar un tiempo a comprenderlo, lo rechaza y piensa que es insoportable. El profesor, por el contrario, entiende al niño, le escucha y habla con él, y, entonces, éste se muestra muy amable con su profesor.

Toda la magia de la comprensión, en lugar del juicio.

La comprensión lleva al profesor a altas frecuencias, que alcanzan, indirectamente, al alumno. La madre, por el contrario, a causa de los pensamientos negativos que tiene sobre su hijo, se mantiene en bajas frecuencias vibratorias, que sólo pueden engendrar problemas de relación entre ambos.

Cambia tus pensamientos sobre los demás, y los verás cambiar en su forma de relacionarse contigo.

Quien trabaja para generar armonía crea las condiciones necesarias para que le suceda lo mejor, mientras que quien genera falta de armonía crea las condiciones necesarias para que todo lo bueno se desmorone.

¡Esas creencias que alimentamos!

Si los pensamientos que albergamos dan forma a nuestra realidad, ¿qué podemos decir de las creencias? ¿Cuántas creencias, adoptadas en el pasado, continúan teniendo un poder de atracción desfavorable para nosotros sin que seamos conscientes de ello? Estoy hablando de creencias del tipo:

- Hay que sufrir para estar guapa.
- El dinero no da la felicidad.
- La belleza no da de comer.
- Cuanto más dinero tengamos, más solos estaremos.
- Hay que trabajar mucho para triunfar.
- Las desgracias nunca llegan solas.
- El pez gordo se come al chico.
- Hay que ganarse el cielo.
- Hay que ganarse el pan con el sudor de la frente.
- No podemos tenerlo todo.
- Es necesario pagar para aprender.
- Es demasiado hermoso para que continúe.
- La muerte es la única certeza en la vida.
- Más vale ser pobre y sano que rico y enfermo.
- La vida no es un juego de niños.

Hubo un tiempo en el que, inconscientemente, había tomado por verdaderas determinadas creencias falsas. Por ejemplo, solía decirme: «Es necesario pagar para aprender». De modo que cuanto más aprendía, más me endeudaba. Necesité verme con una deuda de 50.000 dólares para tomar conciencia del poder de esa creencia. Después, la cambié por: «Me pagan por aprender». Y esto actualmente es verdad.

Otra creencia que había aceptado era: «No podemos tenerlo todo». En cierto momento, me preguntaba por qué no tenía en mi vida el tipo de compañero que me correspondía. Y me di cuenta de que, si tuviera ese compañero, lo tendría todo. Cuando cambié esa creencia, pude encontrarlo.

Recientemente, descubrí que solía decir y pensar: «La paz es cara». Entonces, me di cuenta de que, durante una gran parte de mi vida, había comprado la paz, si es que se puede decir algo así. Para mí, comprar la paz equivalía a evitar los conflictos. Debo reconocer que, efectivamente, esa paz me ha salido muy cara. Cada vez que rompía mi relación con una pareja, le dejaba prácticamente todo lo que poseía para evitar tener conflictos con ella. Hacía lo mismo con mis hijos, mis amigos y mis allegados. Para evitar problemas, me callaba y pagaba. Sin embargo, tenía el sentimiento de que no había un intercambio, de que siempre era yo la que pagaba más que los demás. Cuando tomé conciencia de ello, cambié esa creencia al afirmar en voz alta: «A partir de ahora, adopto la creencia de que la paz es gratuita».

Si aceptas falsas creencias, éstas tendrán repercusiones en tu vida.

¿Cuál es la primera falsa creencia de la que desearías liberarte? ......

....

....

¿Cuál será tu nueva creencia?..

....

....

Cada vez que experimentes una situación desagradable, pregúntate si no mantienes una falsa creencia desfavorable que esté relacionada con esa situación. Podrás transformar toda falsa creencia de la que tomes conciencia.

Las palabras que empleamos también crean nuestra realidad

Un pensamiento formulado con palabras, y en el cual decidimos creer, equivale a una orden que le damos a nuestro subconsciente.

Una compañera de trabajo solía decir: «Con tener el dinero suficiente para pagar lo que debo ya estoy satisfecha». Efectivamente, siempre tenía dinero suficiente para pagar sus deudas, pero nunca más de eso. Una decía: «Si tomo postre engordo un kilo», y la otra respondía: «Pues yo como todo lo que quiero y no engordo ni un gramo». La primera estaba siempre a régimen, mientras que la segunda se mantenía con facilidad en su peso.

Numerosas personas utilizan la fórmula: «A mi edad, es normal...». Por ejemplo: «A mi edad, es normal engordar».

Cuando tenía unos treinta años, mi suegra solía decirme: «A tu edad, yo era delgada como tú. A partir de los cuarenta todas las mujeres engordan». Yo pensaba que, si eso fuera verdad, significaba que todas las mujeres de más de cuarenta años tendrían un exceso de peso. En la actualidad tengo más de cincuenta y peso lo mismo que a los treinta.

- A mi edad... es normal tener menos energía.
- A mi edad... es normal que la vista sea menos aguda.

O también:

- Con la menopausia... es normal tener sudores nocturnos.
- Con la menopausia... es normal tener que tomar hormonas.

Consideramos que algo es normal porque hemos decidido creer que es así. Y tarde o temprano, veremos los efectos de aquello que alimentamos como creencia.

Si estás segura de que un determinado medicamento te resultará beneficioso, así será para ti, aunque para otra persona podría ser nefasto. Si crees que cierto régimen te ayudará a mantenerte sano o joven durante más tiempo, lo hará. Si piensas que has envejecido mucho, tendrás un aspecto mucho más avejentado.

Una amiga llamaba «mi viejo» a su marido. Y aunque el hombre sólo tenía treinta y dos años, tenía el aspecto de un anciano. Sin ser conscientes de ello, a veces, podemos identificarnos con lo que los demás dicen de nosotros.

En cierta ocasión, salía de mi consulta cuando me crucé con una conocida. «¡Pareces cansada!», me dijo. Le respondí un poco fastidiada: «Es verdad, estoy cansada en este momento». Al decírselo, me sentí verdaderamente cansada. Cuando ya me dirigía a buscar el coche, me crucé con otra persona que me dijo: «¡Hola, Claudia! ¡Cómo se ve que estás en forma!». Eso me hizo sentirme bien y abundé en el mismo sentido al decirle: «Sí, sí, me siento en forma». Y, con ello, sentí realmente que recuperaba mi energía. Yo misma me sorprendí.

Haz la prueba. Repite: «¡Estoy cansado!» varias veces, y fíjate en cómo te sientes. Después, repite con convicción: «¡Me siento en plena forma!», y observa la diferencia.

Jacques Salomé dijo: «Si me escuchara a mí mismo, me entendería...». Si nos escucháramos más a nosotros mismos, descubriríamos cómo nos creamos nuestra realidad, todos los días.

Con frecuencia he dicho: «En el último minuto, ¡siempre lo consigo!». Durante años, cada vez que tenía que redactar algo importante y contaba con el tiempo necesario para hacerlo, o bien me atraía imprevistos o no me encontraba con la disposición de espíritu necesaria para hacerlo, de modo que siempre tenía que escribir el artículo o el libro en el último momento. En la actualidad, me digo: «¡Siempre lo consigo con anticipación!».

Un día escribí: «La vida es una larga escalera. Es una lástima que tantas personas esperen el ascensor». Escribí esto en la habitación de un hotel, que se hallaba en la novena planta. Al día siguiente, me disponía a abandonar el hotel. Tenía una cita muy importante e iba con prisa. Esperé el ascensor durante mucho tiempo hasta que me comunicaron que el sistema eléctrico se había averiado. El generador de emergencia tampoco funcionaba. Tuve que bajar con todo mi equipaje por la escalera de servicio.

Dos días después, ya estaba mi casa. Mi apartamento se encontraba en la séptima planta del edificio. Estaba a punto de salir para impartir un seminario de «Liberación de la memoria emocional», cuando, una vez más, me topo con el ascensor averiado. Pensé: «Pero ¿qué pasa con los ascensores?». Fue entonces cuando recordé la frase que había escrito. La anulé y acepté que la vida sea una larga escalera, pero que también podamos tomar el ascensor. Tras ese día, no volví a tener problemas con esos aparatos.

Una persona me dijo: «Mi cuerpo me hace sufrir». Yo le respondí: «¿No será más bien que las emociones que experimentas hacen sufrir a tu cuerpo?».

¿De dónde vienen nuestras emociones? De los pensamientos que alimentamos.

Muchas personas, a pesar de haber leído libros sobre el poder del subconsciente, continúan empleando palabras de baja frecuencia vibratoria que atraen hacia ellas exactamente lo que le ordenan al subconsciente. Palabras como:

- Eso no está tan **mal**, que significa «eso está mal, pero no tanto.
- Eso vale la **pena**, que significa «eso cuesta una pena».
- Tengo **problemas** para...
- Me da **pena**...
- Es una **locura**...
- Es **horrible**...
- **No** es **posible**...
- Es **terrible**...
- **No** es **creíble**...
- Eso me **mata**...
- Eso me pone **malo**...
- Esa persona me da **alergia**...

También utilizamos muchas expresiones negativas, como por ejemplo:

- Muerte: ¡La comida está de muerte!
- Muerto: ¡Estoy muerto de cansancio! ¡Esta sopa resucita a un muerto!
- Mal: ¡Eso no está nada mal!
- Terrible: ¡Hace un frío terrible!
- Demonio: Hace un frío de mil demonios.
- Infierno: ¡Aquella casa era un infierno!
- Desastre: Ese niño es un auténtico desastre.
- Calamidad: ¡Está hecho una calamidad!
- Miseria: Gana un sueldo de miseria.
- Guarrada: Para expresar que algo nos desagrada.
- Mierda: Para expresar una decepción o un problema.

Una mujer utilizaba mucho la expresión «genial». Había un genial en prácticamente cada frase que decía, y su vida era realmente GENIAL. Su único problema provenía del hecho de que se sentía culpable de tener tanto en comparación con los demás. Cuando se liberó de ese sentimiento, su vida se volvió todavía más GENIAL.

Presta, pues, más atención a las palabras, frases, dichos y expresiones que empleas y cámbialas:

Eso no está tan mal, por:	Eso está bastante bien o no demasiado bien (si es el caso).
Eso vale la pena, por:	Eso bien merece el esfuerzo.
Tengo problemas para..., por:	Tengo menos facilidad para...
Eso es una locura, por:	Eso es inaudito.
Me muero por..., por:	Tengo muchas ganas de...
Hace un frío espantoso, por	Hace mucho frío.
Eso es increíble, por:	Eso es fantástico.
Eso me pone malo, por:	Eso me afecta.
Eso me mata, por	Eso me afecta.
Es terrible, por	Es triste.
No es una mala idea, por	Es una buena idea.
Aquello era un infierno, por:	Había mucho ruido, mucha gente, problemas, etc.

Atraemos lo que creemos que merecemos

Si crees que no mereces más que un pequeño salario, no recibirás un buen sueldo. Si piensas que sólo mereces las sobras de los demás, sólo tendrás las migajas. Si crees que únicamente te mereces un sótano, no tendrás un apartamento de lujo. Si estás convencido de que no te mereces a alguien mejor que un hombre celoso, posesivo y autoritario, no encontrarás a nadie mejor.

Sin embargo, si crees que te mereces algo nuevo, atraerás lo nuevo. Cuando era una niña, una de mis amigas no aceptaba que su madre, que era costurera, confeccionara bonitos vestidos para otros, mientras que ella sólo podía llevar la ropa usada que le daban. De adulta, todavía seguía rodeada de cosas que le daban los demás. Yo, sin embargo, creo que lo nuevo me va muy bien: coche, casa, objetos, etc. Un día, esta amiga me invitó a dormir a su casa. Las únicas sábanas nuevas que tenía, que todavía no había estrenado, las puso en mi cama. Ese suceso me hizo sonreír y me confirmó que atraemos aquello que pensamos que merecemos.

En cierta ocasión, vi un programa de televisión en el que se discutía si era aceptable o no que el dueño de una empresa ganara de veinte a cincuenta veces más que un obrero. Eso me recordó un juego de cartas llamado «El portero». Normalmente, participan cuatro jugadores. El primero asume el papel de presidente, el segundo de vicepresidente, el tercero de secretario y el cuarto de portero. Se reparten las cartas entre los jugadores y el presidente tendrá que entregar sus dos peores cartas al portero, mientras que este último le dará las dos mejores que le hayan tocado. El vicepresidente, por su parte, dará su peor carta al secretario, quien, a su vez, le entregará la mejor que tenga. Es sorprendente observar que el presidente, por el simple hecho de que le ha tocado ese papel, atrae siempre las mejores cartas. Por el contrario, la persona que hace de portero atrae normalmente las peores, y además, si obtiene alguna buena tendrá que dársela al presidente.

Aunque no es más que un juego, nos muestra, sin sombra de duda, cómo atraemos aquello que se corresponde con lo que pensamos que merecemos. ¿Por qué, en nuestra vida, adoptamos más un papel que otro? ¿Qué determina lo que creemos que podemos merecer de la vida?

René Angélil, empresario y marido de Céline Dion, dijo a una periodista: «Desde el principio he tratado a Céline como a una gran artista».

Lo que te impide cumplir tus sueños más profundos no es el hecho de ser quien eres, sino los pensamientos que alimentas.

Mientras mantuve la creencia de que no tenía potencial para escribir, no me arriesgué a hacerlo.

Acostúmbrate, pues, a nutrirte de pensamientos positivos y, de ese modo, atraerás situaciones favorables y podrás crearte una vida formidable.

Aquí tienes algunos ejemplos:

- Lo mejor es para mí.
- Sólo conozco a personas maravillosas.
- Tengo talento.
- Me siento en paz.
- Tengo una buena vista.
- Tengo un gran potencial.
- Disfruto de una memoria excelente.
- Eso va a funcionar.
- La Divinidad me protege.
- La vida es maravillosa.
- Vivo cada vez con más abundancia.
- Voy cada vez mejor.
- Mi salud mejora día a día.
- Cada día soy más eficaz.
- Cada vez tengo más éxito.

- La gente aprecia lo que valgo.
- Triunfo fácilmente en todo lo que me propongo.
- Siempre tengo y siempre tendré dinero.
- La vida es buena conmigo.

Una frase corta, repetida con voluntad y determinación, vale más que una bella afirmación repetida sin convicción. Jesús dijo: «Que se haga según tu fe».

Es maravilloso que se nos haya dado la opción de utilizar esta energía de forma que nos resulte beneficiosa o desfavorable. Si empiezo en un nuevo trabajo y tengo miedo de no estar a la altura, tengo la opción de decirme: «No lo lograré nunca, es demasiado para mí, es más difícil y complejo de lo que había pensado». Y, con esos pensamientos, atraeré que mi jefe me notifique que no cumplo con los criterios del puesto de trabajo y me despida. Si, por el contrario, aunque tenga miedo de no lograrlo y no estar a la altura, me repito: «Tengo todo lo necesario para triunfar, y voy a lograrlo», esas palabras me motivarán, atraeré energías positivas que me ayudarán, y, gradualmente, saldré adelante.

También puedes tener un libro de pensamientos positivos sobre la mesilla de noche y acostumbrarte a leer algunas páginas antes de dormir. Tu subconsciente se nutrirá de ellos durante la noche. A quienes tienen miedo a sufrir carencias, les sugiero que repitan antes de dormir: «Señor (o Energía Divina), dame todo lo que necesito con un excedente divino». «*Pedid y se os dará*», dijo Jesús.

Con frecuencia nos han repetido que todo lo bueno tiene un final. ¿Por qué todo lo bueno no podría tener, más bien, una continuidad?

Al principio de este libro se ha empleado la frase: «¡Todo comienza con una decisión!». ¿Por qué no podría continuar todo también con una decisión? De modo que, tras la lectura de este libro, te invito a repetir y practicar las siguientes afirmaciones:

- A partir de hoy, me creo una vida formidable en todos los aspectos.
- Sé que al sembrar amor, cosecharé felicidad.
- Sé que al sembrar paciencia, cosecharé belleza.
- Sé que al sembrar gratitud, cosecharé abundancia.
- Sé que al sembrar amabilidad, cosecharé la estima de los demás.
- Sé que al sembrar alegría, cosecharé gozo.
- Sé que al sembrar confianza, cosecharé fe en la vida.
- Sé que al sembrar comprensión, cosecharé sabiduría.
- Sé que al sembrar perseverancia, cosecharé éxito.
- Sé que al sembrar humildad, cosecharé honores.

Bibliografía

AUGER, Lucien: *Ayudarse a sí mismo, una psicoterapia mediante la razón*. Editorial Sal Terrae, 2010.

_____*L'amour de l'exigence à la préférence*, Éditions de l'Homme, Éditions du CIM, Montreal, 1972.

BACH, Richard: *Ilusiones*, Ediciones B, 2006.

FREDERICK, Carl: *Jouer le tout pour le tout*, Éditions Le Jour, 1981.

FRIEDMAN, Sonya: *Un homme au dessert*, Éditions Le Jour, 1984.

FROMM, Erick: *El arte de amar*, Ediciones Paidós Ibérica.

GAWAIN, Shakti: *Vivir en la luz*, Editorial Sirio, 2007.

HAY, Louise L.: *Usted puede sanar su vida*, Editorial Urano, 1992.

NORWOOD, Robin: *Mujeres que aman demasiado*, Ediciones B, 2004.

O'NEILL, Nena y George: *El matrimonio abierto*, Editorial Grijalbo, 1976.

RUBIN, Lillian: *Des étrangers intimes*, Robert Lafont, Collection Réponses, París, 1986.

SAINT-ARNAUD, Yves: *Yo amo, integración del placer, el afecto y la elección*, Editorial Sal Terrae, 1999.

SCOVEL SHINN, Florence: *El juego de la vida*, Editorial Obelisco, 2010.

STEVEN MANDEL, Robert: *Terapia a corazón abierto*, Ediciones Neo-Person, 2009.

WEOR SAMAEL, Aun: *El matrimonio perfecto*. Asociación Agnóstica de Estudios Antropológicos, Culturales y Científicos, 2003.

Índice